Nils Klawitter

DIE KLEINE SACHE WIDERSTAND

Wie Melanie Berger den Nazis entkam

GEGRÜNDET
1999

Nils Klawitter

DIE KLEINE SACHE WIDERSTAND

Wie Melanie Berger den Nazis entkam

Czernin Verlag, Wien

Gedruckt mit Unterstützung der Stadt Wien, Kultur, des Zukunftsfonds der Republik Österreich und des Nationalfonds der Republik Österreich für Opfer des Nationalsozialismus

ZukunftsFonds
der Republik Österreich

Nationalfonds der Republik Österreich
für Opfer des Nationalsozialismus

Klawitter, Nils: Die kleine Sache Widerstand. Wie Melanie Berger den Nazis entkam / Nils Klawitter
Wien: Czernin Verlag 2024
ISBN: 978-3-7076-0845-8

Autorenfoto: Roland Fischer
Lektorat: Karin Raschhofer-Hauer
Umschlaggestaltung und Satz: Mirjam Riepl
Druck: Florjančič Tisk, Maribor
ISBN Print: 978-3-7076-0845-8
ISBN E-Book: 978-3-7076-0846-5

Für Lenn, der immer gefragt hat.

INHALTSVERZEICHNIS

0

VERHAFTET

Am Vormittag des 26. Januar 1942 überquert eine junge Frau in schwarzem Mantel, beigem Rock und gestrickten dunklen Strümpfen die alte Spitzbogenbrücke über den Tarn in Montauban. Im Abstand von wenigen Minuten folgen ihr zwei junge Männer. Gemeinsam sehen soll man sie nicht – hören besser auch nicht: Ihr Französisch ist holprig, untereinander sprechen sie Deutsch.

Die drei steuern auf ein heruntergekommenes Haus am anderen Flussufer zu. Nichts deutet darauf hin, dass hier die Keimzelle einer Untergrundorganisation unterwegs ist, wie es später in einem Polizeibericht heißen wird.

Die Frau zieht ihren Schal über Mund und Nase, es ist schneidend kalt.

Seit Wochen schon setzt der extreme Winter den Menschen zu, selbst in Südfrankreich. Vom Mittelmeer bis Moskau hat sich ein Tief breitgemacht, das sich nicht verzieht. In Cholm, einem Verkehrsknotenpunkt südlich von Leningrad, versuchen deutsche Verbände an diesem Vormittag bei minus 25 Grad der Einkesselung durch die Rote Armee zu entkommen. Vor dem Pariser Hotel Majestic, dem Sitz des deutschen Militärbefehlshabers, frösteln einige Chauffeure in ihren Mercedes-Limousinen, während drinnen in den wohltemperierten Räumen des Referats »Entjudung« letzte Details besprochen werden, um die Juden in Frankreich vor ihrer Deportation finanziell auszuplündern.

Und auf dem Polizeirevier von Montauban bereitet der trotz der Kälte leicht schwitzende Kommissar Philippe Pflugfelder eine Verhaftung vor.

Die junge Frau hat einen flotten Schritt. Sie heißt Melanie Berger, braune Augen, schlanke Figur, zurückgestecktes dunkles Haar – und verliebt.

Ihr Mantel und der Rock stammen aus Spenden, aber sie hat die Stücke so zurechtgenäht, dass sie auffallend gut sitzen. Es mag nicht die Zeit für Mode sein, für Stilverlust allerdings auch nicht.

Als Erste der drei erreicht sie das Haus mit der bröckeligen Backsteinfassade am Quai du Docteur Lafforgue Nummer 3. Sie schaut sich um, öffnet die Eingangstür und gelangt über eine ausgetretene staubige Holztreppe zu dem kleinen Appartement, das sie gemietet hat. Im dunklen Vorraum liegen ein paar Schuhe und gestapeltes Brennholz. Durch die Ritzen der alten Fenster und Türen kriecht die Kälte in die Wohnung. Für illegale Arbeit ist sie ideal, weil aus dem baufälligen Haus bereits alle Bewohner ausgezogen sind. Außer ihr kennen die Adresse nur zwei Personen.

Mit Papier und einigen Holzscheiten feuert sie den kleinen Ofen im hinteren Zimmer an.

Inzwischen sind auch die beiden Männer eingetroffen: Von dem einen aus Magdeburg weiß sie nur den Decknamen, Raymond. Den zweiten kennt sie besser: Georg, sechs Jahre älter als sie, ziemlich groß, schlaksig, hohe Stirn, Nickelbrille, gerade stark erkältet.

Auf der zerschlissenen Couch im Zimmer hat sie wenige Tage zuvor mit ihm geschlafen. Es war ein kurzer Sex, von dem vor allem er etwas hatte: Georg Scheuer, ein Influencer im Dauereinsatz, der stets über irgendwelchen Flugblättern oder Traktaten brütet. Der als Trotzkist in Österreich schon im Gefängnis saß und der, wenn er Melanie nicht gerade zum Lachen bringt, ein permanentes Rendezvous mit der Weltrevolution zu haben scheint – in ihn hat sie sich gut drei Jahre zuvor in einem Bahnhofsrestaurant in Antwerpen verliebt.

Es ist eine Liebe in der Zeit des Hasses. Melanie glaubt gerade deshalb an sie, Georg erst einmal auch. Die Liebe wird nicht halten, aber beide zunächst tragen, während um sie herum Menschen zerbrechen, während Länder überrollt und Deportationszüge beladen werden. Zur Ruhe kommen die beiden kaum. Sie sind ein Paar auf der Flucht.

Draußen hat dünner Regen eingesetzt. Die zwei großen Türme des Museums am anderen Flussufer sind durch die Scheiben nur noch verschwommen zu erkennen. Georg räumt die altersschwache Schreibmaschine der Marke Typo vom Tisch und versteckt sie im Vorraum unter einem Stapel Zeitungen. Melanie zerknüllt die abgenutzten Kopiervorlagen eines Informationsblattes und wirft sie in den Ofen, auf dessen Platte inzwischen eine Kartoffelsuppe köchelt.

Es riecht nach früher, denkt sie. Nach Wien. Zu Hause waren sie lange nicht mehr.

Es klopft.

Zweimal kurz, dreimal lang, das wäre der vereinbarte Code.

Aber dieses Pochen ist anders.

Melanie und Georg schauen sich an. Leise packen sie einen Teil der Flugblätter in eine Kiste, die hinter einem Vorhang im Vorraum unter alter Kleidung verborgen ist. Eine Broschüre verstaut Georg noch in einem Spalt des Querbalkens, der unter der Zimmerdecke verläuft und in dem auch eine Pistole liegt. Den Balken haben sie extra dafür ausgehöhlt.

Es klopft zum zweiten Mal. Um keinen Verdacht zu erregen, öffnet Georg. Im Hausflur steht Kommissar Pflugfelder mit einem Kollegen.

Wohnt hier eine Melanie Berger?, fragt er. Er atmet schwer.

Georg versucht mit einem »Vous désirez?« Zeit zu schinden. Der Kommissar schiebt ihn zur Seite und geht ins Zimmer, sein Gehilfe folgt ihm. Georg stiehlt sich langsam in seinen Filzpantoffeln auf den Hausflur, lehnt die Tür von außen an, schleicht die Treppe hinunter und verschwindet im feinen kalten Regen. Auch für Raymond, der in Wirklichkeit Herman Bortfeldt heißt, interessieren sich die Polizisten nicht übermäßig. Ihnen genügt sein Ausweis; er soll sich einen Tag später auf der Polizeistation melden, was er nie tun wird.

Die Ermittler konzentrieren sich auf die junge Wienerin. Sie scheint der viel verdächtigere Fall zu sein: eigenes Appartement, Schreibmaschine – eine Widerstandszentrale.

Die Schrift auf den Zetteln? Sei ihre, sagt Melanie, sie schreibe so einiges. Warum sie Männerkleidung aufbewahre? Das tue sie für Bekannte, denen sie helfe. Der Kommissar packt ein paar Schriftstücke ein und teilt Melanie mit, dass sie verhaftet ist. Mit ihr, glaubt er, die Initiatorin einer kommunistischen Untergrundbewegung festgesetzt zu haben. Das zumindest wird wenige Tage später ans Innenministerium in Vichy gemeldet. Von dieser Thermalstadt in der Auvergne aus regiert der greise Staatschef Philippe Pétain das, was die Nazis den Franzosen nach der Niederlage im Juni 1940 gelassen haben: einen Rumpfstaat von Hitlers Gnaden.

Auf halber Treppe darf Melanie auf ihre Bitte hin noch einmal in den kleinen Toilettenverschlag gehen. Vier Jahre lang ist sie ihren Verfolgern entkommen. Sie ist durch halb Europa gezogen, hat sich versteckt oder sich von einer Aufenthaltserlaubnis zur nächsten gehangelt – und nun soll ihre Flucht hier enden? Passt sie durch das kleine Fenster? Sie darf jetzt nicht den Kopf verlieren.

Einen Zettel mit Namen, den sie sich unter den Pullover gesteckt hat, kaut sie weich und würgt ihn hinunter.

Dann führt Pflugfelders Adjutant sie die Treppe hinunter und drückt sie draußen auf die Hinterbank des schwarzen Citroëns, der vor dem Haus im Regen parkt.

Sie ist 20, also ganz am Anfang. Aber es kommt ihr wie das Ende vor.

1

ZU HAUSE

Die Frau, die den Gang des Altersheims entlangkommt, hat es eilig. Sie schlängelt sich an einigen Bewohnern vorbei, die bereits auf das Mittagessen warten. Gegen elf Uhr mit dem Rollator vor dem Speisesaal des Heims herumzukreuzen, das ist für manche ein beliebtes Ritual geworden. Für die Frau ist es Zeitverschwendung. Ein kurzer Gruß, dann muss sie weiter. Sie hat ja noch etwas vor, und so viel Zeit bleibt nicht mehr.

Die Frau ist dezent geschminkt, ihr weißes Haar ist ordentlich frisiert. Manchmal nimmt sie jetzt den Stock. Ein wenig hat auch ihr Tempo nachgelassen. Ihre Erinnerung aber nicht. An der Rezeption winkt man ihr nach.

Das Heim, in dem sie wohnt, nennt sich Résidence. Es liegt in Saint-Étienne, wo der Süden Frankreichs beginnt, auch wenn dieser Septembermorgen noch grau und kühl ist.

Melanie Berger, das ist ihr Name. Sie hatte auch andere, um sich zu tarnen. Um zu überleben. Aber das ist eine Weile her. Ein paar Wochen, und sie wird 101.

Vier Jahre zuvor habe ich sie zum ersten Mal getroffen, sie brauchte damals keinen Stock. Sie hätte sich auch nicht bei mir untergehakt, wie sie es inzwischen manchmal macht. Damals war ich überpünktlich und ihr von dem kleinen Hotel aus, wo wir uns treffen wollten, entgegengegangen. Sie aber rauschte dermaßen flink an mir vorbei, dass ich dachte: Das kann sie nicht sein. Erwartet hatte ich eine 97-Jährige mit gedrosselter Geschwindigkeit, keine Marathonläuferin. Ich hatte mit Ermüdung und Gedächtnislücken gerechnet, nicht mit einer Frau, die mir erinnerungsscharf beschreibt, welche Windungen und Brüche ihr Leben genommen hat.

Auf Melanies Namen war ich im Internet gestoßen. Ich hatte zu Zeitzeugen des Widerstands gegen den Nationalsozialismus recherchiert, und sie war irgendwann aufgetaucht. Es gab ein Interview mit ihr. Darin hieß es, sie berichte Schülerinnen und Schülern noch immer von ihren Erlebnissen. Mit 97? Ich hielt das kaum für möglich. Doch als ich sie anrief und ihre entschiedene Stimme mich fragte, wann ich kommen wolle, sie ihren Kalender durchging und in der nächsten Minute ein Besuchsplan stand, wusste ich, dass die Berichte stimmen mussten. Für das Nachrichtenmagazin, für das ich arbeitete, plante ich also ein Porträt über sie.

Wir gingen zur Résidence, die auf einem der Hügel von Saint-Étienne steht. Im Aufzug wiesen Zettel auf den wöchentlichen Bingo-Nachmittag für Senioren hin, den Melanie noch kein einziges Mal besucht hat, seit sie vor zwölf Jahren hier eingezogen ist. Aus ihrem Appartement im fünften Stock kann sie die halbe Stadt überblicken. Neben dem beigen Sessel, dessen Fußteil sie per Fernbedienung ausfahren und dessen Lehne sie zurückstellen kann, lag damals eine Ausgabe des *Journal de la Résistance*. Auf einem Regal standen Fotos: ihre Eltern mit den beiden Töchtern nach Kriegsende in Wien; ihr inzwischen verstorbener Mann, wie er sie stolz von der Seite anblickt; Melanie mit dem österreichischen Bundespräsidenten Heinz Fischer.

Ihre Orden, der Mérite- und der Légion-d'Honneur-Orden, lägen irgendwo im Schrank, sagte sie leichthin.

Melanie erzählte von Wien, wo sie geboren und aufgewachsen war – und hinausgeschmissen wurde, mit 16.

Sie schilderte ihre holprige Flucht über Deutschland und Belgien nach Frankreich, wie sie festgenommen worden und entkommen war. Wie sie sich »durchgewurstelt hatte« – und schließlich nach dem Krieg wieder nach Wien gegangen war und dort ihren Mann kennengelernt hatte, einen Franzosen.

Ich blieb zwei Tage. Und schrieb dieses Leben auf, diese von ständiger Angst vor Entdeckung begleitete Odyssee durch halb Europa, die sie nicht verbittert hatte. Über die sie mitunter sogar lachen musste, weil sie sich so jung, unbedarft und instinktiv über die damaligen Abgründe gehangelt hatte, dass es ihr mit den Jahren selbst komisch vorkam. Manchmal hatten sie unglaubliche Zufälle gerettet, manchmal hatte irgendwer in der vermeintlich letzten Sekunde irgendeinen Schalter umgelegt.

Nach dem Treffen machte eine Fotografin Bilder von ihr, der Beitrag erschien. Es kamen dann neue Themen, das Recherchematerial zu Melanie heftete ich ab. Die Geschichte war abgeschlossen – dachte ich.

Gleichzeitig spürte ich, dass ich damit nicht fertig war. Dass über dieses Leben mehr zu erzählen war, als auf fünf Magazinseiten passt. Drei Monate später fuhr ich wieder nach Frankreich. Wahrscheinlich zog mich auch dieses warme Großmuttergefühl zurück, das ich bekam, wenn ich sie sah. Wir trafen uns am Bahnhof in Lyon. Sie freute sich – Journalisten kämen sonst nur einmal und nicht wieder. Wir nahmen den Zug nach Marseille, wo sie damals interniert gewesen und nun eingeladen war, vor Schulklassen zu sprechen. Es war Januar, aber warm genug, um in einer Pause in ein Café am Meer zu gehen. Melanie sprach über Dinge, die sie sich sonst ersparte, um sich nicht wehzutun. Sie erzählte von einer jungen Genossin, die 1945 ausgemergelt aus einem Konzentrationslager zurückgekehrt war; von Menschen, die nicht zurückkehrten; von Löchern, in die sie fiel, als eigentlich alles überstanden war.

Ihre Geschichte wurde größer.

Nach Marseille trafen wir uns regelmäßig. Manchmal konnte ich ihr aus Archiven Bruchstücke ihres Lebens mitbringen: Die Kopie einer »Carte d'Alimentation« auf der handschriftlich verzeichnet war, in welchen Wochen sie als Flüchtling 70 Francs Unterstützung bekommen hatte. Eine als Schulübungsheft getarnte

Broschüre ihrer Widerstandsgruppe, die der Polizei in die Hände gefallen war.

Sie erinnerte sich an viel. Wollte ich zu viel wissen, sagte sie: »Du quetscht mich aus wie eine Zitrone« – und war doch nicht böse darüber. »Dein Beruf ist es, zu wissen«, sagte sie. »Aber wir haben damals alles gemacht, um nichts zu wissen.« Um im Zweifel nichts verraten zu können.

Sie reiste damals noch viel. Wir trafen uns in Toulouse, wohin der Bürgermeister sie eingeladen hatte und wo ihr im Jahr 1942 der Prozess gemacht worden war. In Wien folgten wir dem Laufradius ihrer Kindheit im zweiten Bezirk zwischen Prater und Donau.

An diesem Septembermorgen in Saint-Étienne nun eilt Melanie an der Rezeption ihrer Résidence vorbei auf den Ausgang zu und schnappt sich meinen Arm. Wir gehen vorbei an den ranzig riechenden Mülltonnen der abschüssigen Rue Attaché aux Boeufs, wo sie drei Winter zuvor mit ihrem Handwagen ausgeglitten ist und sich das Jochbein gebrochen hat. Eine Weile sah sie Dinge doppelt, es sah nicht gut aus. Aber sie hat sich wieder aufgerappelt, wie nach der Coviderkrankung, die sie sich kürzlich im Heim eingefangen hat. Wie so oft in ihrem Leben. Hinter dem Rathaus biegen wir links ein, bis nach einigen Hundert Metern eine abgetakelte Einkaufshalle mit Parkhaus zu sehen ist, an deren Rückseite ein Graffiti an den Résistance-Helden Jean Moulin erinnert. Das gesprühte Gemälde markiert den Eingang zum Mémorial, der Gedenkstätte des Widerstands.

Sie wird oft dorthin gebeten, meist von Lehrern, wie an diesem Tag.

Widerstandsgeschichte – das ist kein leichtes Unterfangen. Im Mémorial von Saint-Étienne bedeutete das lange in Heldenporträts und schwere Fahnen gebettetes Gedenken. Und gelangweilte Schüler. Bis sie kam.

Melanie, das hat sich herumgesprochen, kann deren Gähnen in Staunen verwandeln. Sie erzählt, wie sie nicht weit weg, in Lyon,

1943 untertauchte, nachdem sie aus dem Gefängnis fliehen konnte. Der Auslieferung ins Deutsche Reich sei sie nur knapp entkommen, »im Nachthemd«. Wie bitte? Die Schüler in den hinteren Reihen des Mémorial drücken jetzt den Rücken durch, um die alte Dame besser zu sehen. Sie stellen jetzt einige Fragen, und Melanie erklärt, dass sie damals aus dem Krankentrakt geflohen war, wo sie mit einer Gelbsucht lag, »und zwar völlig platt«.

Und ja, auch mit einer Waffe habe sie einmal trainiert, erzählt sie. Mit bewaffneten Aktionen kann sie jedoch nicht dienen. Sie habe nur »eine kleine Sache gemacht«. Na ja, sagen sich die Schüler, mit 13 Jahren hat wohl nicht jeder Flugzettel gegen den Faschismus auf Häuserwände in Wien geklebt. Und wer bitte würde wegen seiner Überzeugung riskieren, mit 20 in einer dreckigen Gefängniszelle vom Getrippel von Ratten geweckt zu werden? Die alte Dame, die da leicht gebeugt vor ihnen sitzt, scheint innerlich ziemlich gerade geblieben zu sein.

Einen großen Namen hat die Dame nicht. Der Bürgermeister gratuliert ihr zum Geburtstag, das schon. Aber ihre Geschichte ist nicht verfilmt worden wie die Jean Moulins. Ihr Leben gibt es nicht als Comic wie das von Lucie Aubrac.

Melanie gehörte zum Fußvolk des Widerstands. Zur anonymen Masse derer, die dem Irrsinn von Diktatur und Krieg ihr Leben entgegenstellten. Darunter gab es Gruppen, die zwischen alle Fronten gerieten. Deren Mitglieder von den Nazis verfolgt und von den Stalinisten gehasst wurden. Und die von den vermeintlichen Rettern, den Franzosen, interniert wurden. Die dem Untergang geweiht waren und trotzdem versuchten, Sand ins Getriebe des Systems zu streuen. Die losrannten und hofften, sich versteckten und unter falschem Namen lebten, die gegen die Unterdrücker und Besatzer angingen und anschrieben, so gut sie es konnten. Eine davon war Melanies Gruppe. Sie nannten sich »Revolutionäre Kommunisten«.

Auch darüber muss sie manchmal schmunzeln, nicht nur wegen der recht bürgerlichen Bahnen, die ihr Leben später nahm. Allein der Name: Der klang nach einer mächtigen Organisation, doch viel mehr als ein Dutzend Personen waren sie nicht – Österreicher und Österreicherinnen, die nach dem Anschluss ihres Landes ans Deutsche Reich fliehen mussten und die sich in Frankreich wiederfanden. Die vom Blitzkrieg nach Süden gehetzt und von Hunger und Erschöpfung hin und her getrieben wurden. Die sich wieder aufrappelten und deutsche Soldaten zur Umkehr bewegen wollten, mit Flugblättern, die überladen waren mit theoretischem Rüstzeug. Doch abgesehen von der proletarischen Revolution kämpfte die Gruppe vor allem ums eigene Überleben. Ihre Mitglieder lebten in Angst und Euphorie, aber meist in Angst. Eine Ausweiskontrolle konnte das Ende bedeuten. Ihr Leben hing an Zufällen, an nachgiebigen Polizisten, die ein Auge zudrückten, an gut gefälschten Ausweisen, an Harakiri-Aktionen, die so unglaublich waren, dass sie funktionierten. Nicht alle von ihnen überlebten diese Zeit. Sie seien »Tote auf Urlaub«, sagte einer der Freunde damals in Marseille.

Ab und zu taucht ihre Gruppe in wissenschaftlichen Büchern zum Widerstand auf, doch über ein paar Fußnoten kommt sie selten hinaus.

Und als Fußnote trat Melanie auch auf, als sie mit ihrem Mann zu Vorträgen ging. Die Rollen waren klar verteilt: Lucien, hoch dekorierter Kommandeur der Résistance, erzählte von den Kämpfen gegen die Deutschen. Seine Frau begleitete ihn. Sie war die Unbekannte an seiner Seite. Doch irgendwann wurde Lucien krank, und Melanie musste auf den Veranstaltungen allein zurechtkommen.

Zuerst probierte sie es mit seinen Notizen. »Doch das ging nicht, ich konnte nicht sein Leben nacherzählen.« So erzählte sie ihres, die Geschichte eines Mädchens aus Wien, das der Idee des Nationalsozialismus nicht traute. Diese »kleine Sache«, die sie immer hintangestellt hatte. Die im Schatten mächtiger Résistance-Erzählungen und preisgekrönter Exilliteratur verborgen blieb, weil sie ihr nicht wichtig genug vorkam. Doch das ist ein Irrtum, und je mehr er sich aufklärt, desto deutlicher ist zu sehen, dass in der kleinen Sache ein Heldinnenepos steckt. Eine atemberaubende Odyssee einer jungen Frau durch die Wirren des 20. Jahrhunderts, durch den aufstrebenden Faschismus und den Verfall Europas in Diktaturen. Es ist eine Geschichte von Flucht und Verfolgung, Gefangenschaft und Widerstand und vom Stillhalten in der Illegalität. Von Mut und Tapferkeit.

Und deswegen soll diese kleine Sache hier festgehalten werden, so gut es eben geht. So gut sich zwischen Erzähltem, Archivfunden, Fotos, Literatur und Wikipedia-Einträgen ein Weg bahnen lässt.

Denn so viel Zeit bleibt ja nicht.

2

BEGINNEN

Zu Anfang geht erst mal etwas unter – und zwar das Kaiserreich, das Österreich vor Melanies Geburt gerade noch war, mit seinen »europäischen Kolonien«, wie Melanie die Habsburger Ländereien in Osteuropa auf ihren Vorträgen nennt.

Dem deutschen »Waffenbruder« Österreich ist nach dem verlorenen Ersten Weltkrieg von seinen Besitztümern fast alles abhandengekommen, nur ein kleiner Schrumpfstaat ist geblieben. In dieses Überbleibsel wird sie hineingeboren, am 8. Oktober 1921 im Brigitta-Spital, ein stämmiges Gebäude, das noch immer steht.

Die erste österreichische Republik hingegen ist ein fragiles Gebilde, ein amputiertes Land, in dem weite Kreise von Habsburger Herrlichkeit träumen, auf Revanche sinnen, und das vorerst vor allem mit amerikanischen Krediten über Wasser gehalten wird. Einige Jahre später wird es durch eine Bankenkrise erst wirtschaftlich taumeln und dann sein Heil in einem autoritären Ständestaat nach mittelalterlichem Vorbild suchen, oder sagen wir: einer Diktatur mit christlich-sozialem Anstrich, die sich auf Heer, Heimwehr, Beamte und die katholische Kirche stützt.

Einstweilen aber geht es aufwärts, auch für die Bergers. Das Klosett ihrer ersten Wohnung liegt zwar auf dem Gang, und auch elektrisches Licht gibt es noch nicht. Aber schon mit dem Umzug ins Hochparterre des neuen, großen Gemeindebaus in der Erlafstraße in Donaunähe bessert sich die Lage.

Melanies Vater heißt Adolf, was sich seine jüdischen Eltern sicher noch einmal überlegt hätten, wenn sie gewusst hätten, was in diesem Namen auf ihn und seine Familie zukommen sollte. Adolf Berger arbeitet für eine Wiener Weinhandlung. Ein Gutteil seines Gehalts

Abb. 1: Melanie (rechts) mit ihrer Schwester Evi um 1925

besteht aus Verkaufsprovisionen. Mitte der Zwanzigerjahre läuft es noch ordentlich, doch bald gerät Österreich in den Sog der weltweiten Wirtschaftskrise, und sein Einkommen schrumpft empfindlich. Im Ersten Weltkrieg war er für Österreich im Einsatz, ist auf dem Papier Sozialdemokrat mit einer latenten Schwäche für den Kaiser und entsprechend altbackenen Ansichten (»Mädchen müssen nicht in Sportvereine«). Sehr gläubig ist er nicht – seine Tochter wird es ebenso wenig sein.

Bilder aus dieser frühen Zeit gibt es nur wenige. Ein Fotograf war eine teure Angelegenheit, und Kameras waren noch unerschwinglich. Ihre alten Fotos bewahrt Melanie heute in einem beigen Karton unten in ihrem Schrank in Saint-Étienne auf. Sie öffnet den Karton nur noch selten, sie hat so viele Abschiede in ihrem Leben hinter sich. Ihre Männer, die Familie, die Freunde von damals: Alle Abgebildeten sind längst gestorben.

Auf einem Bild ist sie zwei Jahre alt, ihre ältere Schwester Eva hält sie an der Hand, beide sind ganz in Weiß gekleidet, die dunklen Haare brav gescheitelt. »Die Evi«, sagt Melanie beim Betrachten. »Wir waren sehr verschieden.«

Eva, die sich später aus Politik nicht viel macht, sich in der Schule durchwurstelt und hofft, reich zu heiraten – und Melanie, die wissbegierige kleine Schwester, die am liebsten Psychologie studieren würde. Ein klein wenig seien die Unterschiede auf dem Foto schon erkennbar, meint Melanie – und muss dann selbst lachen.

Aufgenommen ist das Bild im ungarischen Pápa, ein paar Jahre zuvor noch Teil des Habsburgerreichs. Hier leben die Eltern von Melanies Mutter Eugenie im ersten Stock eines repräsentativen Hauses mit Garten. Eugenies Vater unterhält eine Vertretung für Singer-Nähmaschinen, die damals wie am Schnürchen läuft. Eigentlich heißt Eugenie Jenny, aber bei ihrer Anmeldung in Wien hat ein Beamter ihren Namen kurzerhand in Eugenie geändert, das sei passender, fand er.

In Pápa hat Adolf um Jennys Hand angehalten. Für ihn war es Liebe, für sie die Chance auf ein Leben in der Großstadt. Doch so komfortabel wie von Adolf ausgemalt, scheint es nicht zu werden, nicht mal Bücher können sich die Bergers leisten. Dafür allerdings ein Hausmädchen, das die Arbeit in der kleinen Wohnung erledigt. Ihr Gehalt ist schmal, sie schläft in der Küche auf einem Klappbett. Sie kocht auch für die Kinder, denn Jenny ist nicht oft zu Hause. Dauernd sind irgendwelche Canasta- und Bridge-Runden in der Nachbarschaft, manchmal liegt sie noch im Bett, wenn die Kinder aus der Schule kommen. Und sind sie einmal beisammen, dann ist nicht immer Verlass auf sie. Als Eva im Prater von der Schaukel fällt und sich den Kopf aufschlägt, erinnert sich Melanie, »hatte meine Mutter nichts anderes zu tun, als ohnmächtig zu werden«. Den Krankenwagen organisiert Melanie, mit sieben Jahren.

Melanie muss früh allein zurechtkommen und Dinge regeln.

Nun, kein sehr kindgerechter Start ins Leben, könnte man denken. Doch Zuwendung ist trotzdem da, nur anderswo. Im sozialistisch geführten Kindergarten etwa, bei der Sozialistischen Jugend und in ihrem Häuserblock, einer fünfstöckigen Zufluchtsburg, in deren Hof Melanie immer jemanden zum Murmeln- oder Blinde-Kuh-Spielen findet.

»Erbaut von der Gemeinde Wien in den Jahren 1927–1928« steht in großen roten Lettern über dem Eingang in der Erlafstraße. Es ist weiträumig geplant worden, keiner soll sich schämen, in einem Sozialbau zu wohnen. Fast 50 Meter misst der Hof von Melanies Wohnung bis zum gegenüberliegenden Block. Zur Straße hin begrenzt den Innenhof eine Mauer mit sechs großen, lichten Bögen. Bäder gibt es in den Wohnungen nicht, aber einmal pro Woche hat jede Familie ein eigenes Zeitfenster im Duschraum.

Fast vierhundert solcher Bauten entstehen bis 1934. Es sind steinerne Denkmäler der sozialdemokratischen Stadtregierung, Projekte eines Aufbruchs. Wenn man so will, ist Melanie auch dessen Kind, ein Kind dieses Roten Wiens, das sie trägt und inspiriert. In den Innenhöfen einiger Gemeindebauten werden im Sommer Wasserbecken für die Kinder gefüllt, und sozialdemokratische Musiker geben Konzerte.

Auch Melanie musiziert, zusammen mit Peter Strasser und seiner Freundin Jenny, die nur einen Eingang weiter wohnt. Im Grunde verbringt Melanie mit den beiden ihre Kindheit. Peter ist vier Jahre älter als sie, dunkelblond mit feschem Seitenscheitel, und ihr heimlicher Schwarm. Sie bewundert seine besonnene Art, seinen Gerechtigkeitssinn. Die ganze Familie Strasser durchweht dieser Sinn – und eine große Verbitterung: Peters Vater Josef, damals noch Redakteur der *Roten Fahne*, und seine Mutter Isa, eine Gewerkschafterin, haben lange als kommunistisches Vorzeigepaar gegolten. Auf Einladung Lenins waren sie sogar in Moskau. Aber Stalin können sie nicht leiden, was die beiden in der Kommunistischen Partei bald aufs Abstellgleis führt. Das geht so weit, dass sich bei Peters Vater wegen der geforderten Lobeshymnen auf die Sowjetunion Anfälle akuter Arbeitsunfähigkeit häufen und seine Mutter als Sektiererin verunglimpft wird. Bald folgt der Parteiausschluss, beide verlieren ihre Arbeitsstellen.

Melanie sieht Peters Vater in der Zeit einmal Schach spielen. Gegen sich selbst.

Peter erwischt die Apathie nicht. Er zählt bald zu den größten Nachwuchstalenten der Sozialisten. Und zieht Melanie mit. Er zeigt ihr, wo sich die Arbeiterjugend trifft. Er wird sie mitnehmen in die Illegalität, zu den verbotenen Revolutionären Sozialisten. Sie werden sich aus den Augen verlieren und per Zufall wiedersehen, mitten im Krieg auf einem französischen Bahnhof nahe Montpellier, durch die Scheiben zweier haltender, in entgegengesetzte Richtung fahrender Züge.

Aber vorerst in Wien machen sie Hausaufgaben zusammen und singen – Lieder, die Melanie auch als Hundertjährige noch im Schlaf kann: »Die Arbeiter von Wien«, vor allem aber das Kinderfreunde-Lied: »Wir sind jung, die Welt ist offen.« Es ist ein roter Gegenentwurf zum schwarzen Erziehungsdrill der Habsburg-Ära.

Ansonsten flitzt Melanie durch ihr Viertel in der Leopoldstadt. Ihr entgeht wenig. Sie hört von Anschlägen auf jüdische Läden, sieht, dass selbst die Geschäfte der fliegenden Streichholz- und Knopfverkäufer schlecht gehen und immer mehr Männer ohne Arbeit dastehen. Dass in ihrer Schule am Sterneckplatz manche Schüler hungrig zum Unterricht kommen und das Glas Milch, das die Stadt an manchen Tagen um zehn Uhr ausgeben lässt, in Sekunden hinunterstürzen. Ihr Ziel wird, die Welt auszubessern, wie Melanie es nennt. Ihre Mittel sind begrenzt, aber sie nützt sie: Von dem großen Schinken, den ihr Vater einmal mitbringt, schneidet sie heimlich so viel ab, dass sie ihre ganze Klasse mit je einem kleinen Stück versorgen kann.

Bald bringt ihr Vater aber nichts mehr mit, denn auch er gerät in den Sog der Weltwirtschaftskrise. Die Weinhandlung, für die er arbeitet, geht 1929 in Konkurs, er schlägt sich jetzt als Stoffhändler durch. Wenn er am Wochenende zu Hause ist, versucht er, die vermeintlich versäumte Erziehung nachzuholen, wenn die Mutter nicht da ist, manchmal auch mit Schlägen. Bei seiner jüngeren Tochter sieht er am meisten Nachholbedarf. Er mag sie, hält sie aber für zu aufmüpfig. Wobei als aufmüpfig zu dieser Zeit schon gilt, wer öfter einmal nachfragt. Und Melanie bohrt gern nach, vor allem bei Autoritäten. Wenn es nur einen Gott gibt, hält sie ihrem Religionslehrer vor, warum gibt es dann so viele Religionen? Gott habe viele Religionen gegründet, antwortet der. Gott und die Religion existieren nur, weil die Menschen sie geschaffen haben, sagt Melanie. Mit derart gefährlichen Ansichten sprengt sie beinahe den Unterricht. Auch ihrem Vater setzt sie zu: Warum junge Mädchen immer noch so früh verheiratet werden, will sie wissen. Warum sie zu Hause Schinken essen, wenn Schweinefleisch aus religiösen Gründen doch nicht gestattet ist.

Ihr Vater explodiert.

An ihre Schwester traut er sich nicht heran, weil die gleich losschreit. Bei Melanie ist es anders: Sie erträgt die Gewalt verbissen und still, doch je länger sie dauert, desto wütender macht sie die Ungerechtigkeit, desto kleiner wird ihre Angst. Mit stahlharten Augen sagt sie ihm ins Gesicht, es sei keine Kunst, was er tue. Es knirscht gewaltig zwischen den beiden, dem konservativen Vater und seiner beständig widerständigen Tochter. Aufs Gymnasium müssten Mädchen nicht, hört sie von ihm. Eines Abends, sie ist 10 Jahre alt, ist sie plötzlich weg; ganz alleine schläft sie eine Nacht mit ihrer Stoffpuppe auf einer Bank in der Nähe des Praters.

Als die älteren Burschen und die Männer aus den Sozialwohnungen im zweiten Wiener Gemeindebezirk auf einmal Barrikaden bauen, ist Melanie zwölf. Der österreichische Bundeskanzler Dollfuß, ein 1,51 Meter großer Bauernfunktionär, der früh dafür sorgte, dass ihn niemand übersieht, hat mithilfe eines Ermächtigungsgesetzes das Parlament ausgeschaltet und sich zum Diktator aufgeschwungen. Er hat die Pressefreiheit abgeschafft, ein Streikverbot verhängt und die Arbeitslosengelder zusammengestrichen. Die Kommunistische Partei hat er schon verboten, jetzt, Anfang 1934, trifft es die Sozialdemokraten. Im Grunde ist die erste österreichische Republik dran, das Rote Wien, das schon in Deutschland als »Schwatzbude« verleumdete Parlament und all das Neue, an dem sich das alte, konservative Österreich rächen will.

Noch heute ist nach Dollfuß, dem Mussolini-Bewunderer und Begründer des Austrofaschismus, in Niederösterreich ein Platz benannt; bis 2017 schmückte sein Porträt den Wiener Parlaments-Klubraum der ÖVP. Sein Faschismus gilt vielen noch immer als sauber und ordentlich, jedenfalls nicht so proletenhaft wie die Putschversuche deutschtümelnder SS-Trupps, deren Opfer er im Juli 1934 wird. Illegale Nationalsozialisten waren als Bundesheersoldaten verkleidet ins Wiener Kanzleramt eingedrungen und hatten den Regierungschef tödlich verletzt.

Bis dahin, bis zum Sommer 1934, hat Dollfuß' Regierung ihre Gegner verfolgt, in Lager inhaftiert und weitgehend zermürbt. Die Massenarbeitslosigkeit hat viele Familien ausgelaugt, Hauptsorge wird die ausreichende Ernährung, es herrscht Apathie. Dabei lag die Zeit des Zorns erst wenige Monate zurück.

An einem Tag im Februar 1934 entschließt sich auch Melanie, etwas zu tun, die Komfortzone ihrer Kindheit zu verlassen, ihrem Leben einen Schubs zu geben und Taten sprechen zu lassen! Es ist Montag, der 12. Februar 1934, kurz nach Schulschluss und sehr kalt. Sie hat ein paar Brote geschmiert und eingepackt.

Schon vor ihrer Aktion hat sie so viel Angst, dass fast keine mehr übrig ist, als sie sich in einer Feuerpause zu den Barrikadenkämpfern durchmogelt. Sie überquert die alte Reichsbrücke, unter ihr liegt die fast zugefrorene Donau. Kurz vor dem Betriebsbahnhof Kagran ist sie am Ziel. Arbeiter und Chauffeure sitzen da, denn am Morgen hat der Widerstand mit einem Stillstand begonnen: Die E-Werke hatten den Strom abgeschaltet, Straßen- und Stadtbahnen hatten sich nicht mehr bewegt – das Signal für den Generalstreik. Die Brote kommen gut an, Melanie hilft, Steine auszuheben. Ein junger Kämpfer nimmt sich Zeit und erklärt ihr, dass es jetzt darum geht, dem Zaudern Entschlossenheit entgegenzusetzen. Ganz einfach. Mit dem Zaudern ist die Sozialdemokratie gemeint, das versteht Melanie. Viele haben schon aufgegeben. Die Männer an den Barrikaden, das Land, kommen ihr irgendwie im Stich gelassen vor.

Zu Hause gibt es mächtigen Ärger über ihren Ausflug in den Bürgerkrieg. Am Betriebsbahnhof sterben noch am selben Tag fünf Februarkämpfer. Die österreichischen Arbeiter sind die Ersten in Europa, die sich dem Faschismus bewaffnet entgegenstellen. Vier Tage. Dann haben Heer und Polizei nicht nur die Barrikaden niedergerissen, sondern sogar einige Arbeiterheime und Gemeindebauten sturmreif geschossen. Schuschnigg, damals noch Justizminister, lässt acht Todesurteile sofort vollstrecken, es brauche ein »abschreckendes Beispiel«. Am 14. Februar wird deshalb auch der Schuhmachergehilfe Karl Münichreiter, ein Kämpfer des sozialdemokratischen Republikanischen Schutzbunds und Vater von drei Kindern, zum Wiener Landesgericht getragen – auf einer Bahre, weil er so schwer verletzt ist, dass er sich nicht mehr auf den Beinen halten kann. Von der Bahre wird er um 16:41 Uhr an den Galgen gehängt. Melanie ist noch ein Kind, aber den Namen Münichreiter merkt sie sich.

Einen Tag später ergeben sich die letzten Kämpfer – und jene, die sich der neuen Macht nicht beugen wollen, sind plötzlich Illegale. Peter und seine Freundin Jenny zum Beispiel, und bald auch Melanie.

In dieser lähmenden Zeit feilt Melanie an einer Verteidigungsstrategie. Für sie sind nicht nur ein paar Arbeiterheime zerlegt worden, sondern ihre Kindheit, ihr Wien. Sang- und klanglos ergeben will sie sich nicht. Bald zieht sie abends mit Freunden los. Sie verzieren die Häuserwände und Mauern des zweiten Bezirks mit kleinen gedruckten Zetteln gegen Dollfuß' Nachfolger Kurt Schuschnigg – und dann auch gegen Hitler. Die Botschaften sind kurz: »Nieder mit dem Austrofaschismus«, dazu manchmal ein durchgestrichenes Hammerkreuz, das Symbol der neuen Machthaber. Sie kleben, denn das geht schneller als malen. Sie müssen vorsichtig sein. Nie gehen sie allein, sondern immer als Paar, ein Mädchen und ein Junge. Das ist konspirative Pflicht, um vor herannahender Polizei Liebespaar spielen zu können.

Doch was sie tun, ist kein Spiel, keine Schnitzeljagd. Es ist eine verbotene Aktion, das Eintauchen in die Illegalität. Melanie ist nun im Widerstand – wobei das Erste, dem widerstanden werden muss, in einem selbst sitzt: die eigene Furcht.

Manchmal hat sie jetzt noch die Hoffnung, dass es wird wie früher, leichter, ohne die Angst vor der Polizei, ohne diese Anspannung, die sie jetzt oft spürt. Aber meist ist die Zwölfjährige dafür zu vernünftig.

3

NACKT

An einem Junitag 2019 steht Melanie an einem Kiosk in Wien und bestellt gebackenen Fisch mit Kartoffelsalat. Sie trägt ein weißes Jackett und eine hellgraue Hose. Die sechs nackten Rentner hinter ihr in der Schlange sind nahtlos gebräunt. Der Kiosk gehört zu einem FKK-Verein in der Lobau, dem Wiener Donauauen-Gebiet. »Unbekleidet den Tag erleben« ist hier das Motto, das außen am Sichtschutzzaun prangt. Die Rentner sind recht neugierig auf den Besuch und setzen sich zu der alten Dame auf eine Bank. Sie kenne dieses Naturisten-Viertel, sagt Melanie, »es ist aber schon einige Zeit her, dass ich da war«. Auf einer der FKK-Wiesen in dem wasserdurchzogenen Dschungel im Osten Wiens habe sie sich damals mit Freunden getroffen, um zu diskutieren, »vor gut 80 Jahren«. Die Rentner rechnen jetzt nach, dann mustert sie einer und sagt: »Alle Achtung!«

Backfisch, sagt Melanie, habe es damals nicht gegeben, »aber auf meiner ersten politischen Versammlung war ich so nackt wie Sie«. Gelächter. Eine Frau aus dem Vereinsvorstand kommt mit einem Elektrowägelchen und bietet ihr eine Geländeführung an. Melanie steigt ein, »vor ein paar Jahren wäre ich auch noch mit schwimmen gekommen«.

Eine der größten Lobauer FKK-Liegewiesen wird in den Dreißigerjahren »Sowjet-Wiese« genannt. Sobald es wärmer wird, sammelt sich dort die linke Jugend Wiens, auch in diesem Sommer des Jahres 1936. Hier ist sie der Kontrolle von Elternhaus und Polizei entzogen. Neue Mädchen fallen dort immer auf, aber das eine mit den nicht zu großen Brüsten, dem schmalen Bauch und den dunklen Haaren hört erst einmal nur zu. Sie sei nicht auffallend hübsch gewesen, sagt Melanie rückblickend, aber »gut gebaut«.

Die Wiese ist ein politischer Laufsteg. Junge, durchtrainierte Männer des kommunistischen Jugendverbandes produzieren sich als Agitprop-Nachwuchs und kümmern sich in Redepausen um ihren Muskelaufbau. Wer nicht auf Linie ist, gilt als Klassenverräter – aber davon scheint es gar nicht wenige zu geben, die Revolutionären Sozialisten etwa, die Peter Strasser mitaufgebaut hat. Melanie und eine Freundin ziehen bald weiter zu ihnen, auf die nächste Wiese, dort ist der Ton freundlicher.

Es bewegt sich jetzt einiges in ihrem Leben.

Matura und Studium kann sie fürs Erste vergessen, nach dem Hauptschulabschluss beginnt sie eine Lehre als Miedermacherin. Das war die Ansage ihres Vaters. Ausgerechnet die Tochter, die sich nicht einengen lässt, soll das jetzt für andere Frauen erledigen: versteifende Oberteile bauen, die in Dirndln und anderen Volkstrachten die Maße der Frau komprimieren sollen, das Holz vor der Hütte! Was für eine Schlappe! Aber ihr Vater musste sich dafür auf einen Kompromiss einlassen: Hält sie durch, darf sie auf der Abendschule die Matura nachholen.

Sie interessiert sich nun sehr für Spanien. Während in Wien halb faschistische Heimwehrmänner mit Auerhahnfedern am Hut durch die Straßen patrouillieren, was die Aura eines Almabtriebs hat, aber bitterernst gemeint ist, wird in Spanien gegen putschende Militärs für die Republik gekämpft. Peter hält es nicht mehr zu Hause. Als Vertreter seiner sozialistischen Jugendgruppe macht sich der Neunzehnjährige auf den Weg nach Barcelona.

Auch in Frankreich herrscht Aufbruchstimmung. Viele Arbeiterinnen und Arbeiter sehen zum ersten Mal in ihrem Leben das Meer. Nach massiven Streiks hat das Volksfrontbündnis von Léon Blum die Wahlen gewonnen und per Gesetz zwei Wochen bezahlten Urlaub eingeführt.

In diesen Sommer 1936 mischt sich aber etwas, das Melanie schockiert – die Moskauer Schauprozesse gegen vermeintliche Abweichler. Stalin treibt seine Säuberungen fanatisch voran: Die Verhängung der Todesstrafe ist auf Kinder ab zwölf Jahren ausgedehnt worden.

Im kleinen Kreis reden sie über die Prozesse und die inszenierten Gerichtsaufführungen, und sie reiben sich die Augen, als Anfang August 1936 die »Geständnisse« der sechzehn Hauptangeklagten vorliegen: »Mein defekter Bolschewismus hat sich in Antibolschewismus verwandelt, und über den Trotzkismus bin ich zum Faschismus gelangt. Der Trotzkismus ist eine Abart des Faschismus.« Solche Sätze kommen plötzlich aus diesen durch den Fleischwolf des Geheimdienstes NKWD gedrehten Menschen heraus. Etwa tausend Personen werden in der Sowjetunion zu dieser Zeit ermordet – pro Tag. Vertraute Lenins, wie Grigori Sinowjew oder Lew Kamenew, werden noch Ende August, nur einen Tag nach Prozessende, exekutiert. Zu der Zeit sitzt auch Carola Neher in Moskau in Haft, einige Jahre zuvor noch der Star in Bertolt Brechts *Dreigroschenoper* und als »schönste Frau Deutschlands« gerühmt. Die den Kommunisten nahestehende Schauspielerin war mit ihrem Mann Anatol Becker in die Sowjetunion emigriert, nun soll sie an einem konterrevolutionären Komplott beteiligt gewesen sein. Sie wird in der Lagerhaft an Typhus sterben, ihr Mann als Trotzkist hingerichtet werden.

Die vermeintlich größten Feinde der Arbeiterbewegung sollen Trotzkisten sein, Anhänger von Stalins großem Widersacher, der längst das Land verlassen hat.

Dieser Lew Dawidowitsch Bronstein, der sich den Namen Trotzki von einem für ihn zuständigen brutalen Gefängniswärter der Zarenzeit geborgt hatte, verkörpert für manche die große Hoffnung. Er erscheint ihnen wie der Klempner einer kaputten Idee, die längst in totalitären Wahn abgedriftet ist.

In Wien spaltet sich deshalb eine kleine Gruppe vom Kommunistischen Jugendverband ab, die Revolutionären Kommunisten. Ihr theoretischer Leitwolf ist Trotzki. Nicht so zaudernd wie die Sozialdemokraten, nicht so moskauhörig wie die Kommunisten – für Melanie genau die richtige Mischung, und einige aus der Gruppe kennt sie auch schon. Sie macht mit und ist plötzlich irgendwie auch Trotzkistin.

Jetzt könnte man denken: Allerhand! Der Gründer der Roten Armee, der zwar unter dem Zar inhaftiert wurde, dann aber Politkommissare installierte, die hinter den eigenen Linien standen, um Abweichler liquidieren zu können, der meuternde Matrosen erschießen ließ – ein Vorbild für ein junges Mädchen? Nun: Melanie ist 14. Für sie ist Trotzki ein Geflüchteter, der nach Lenins Tod 1924 entmachtet und fünf Jahre später ins Exil getrieben wurde. Er ist eine von Stalins Häschern durch die Welt gejagte Ikone, die nicht nur in packenden Büchern mit der »verratenen Revolution« ins Gericht geht, sondern auch als Redner mitreißt, mit dem unverwechselbaren Set-up aus Wuschelhaar, Nickelbrille und eleganten Anzügen.

Vor Tod und Terror und den Kollateralschäden, die Revolutionen mit sich bringen, verschließt sie die Augen, sie will nur: etwas tun!

Dringender als ein Idol braucht sie sowieso eine Gruppe, denn Peter ist in Spanien, ihre Eltern sind selten da, und allein kann sie ja schlecht ihr Wien verteidigen, die Welt verändern. Und es Österreichs kleinkariertem Autokraten Schuschnigg zeigen, erst recht nicht.

Sie trifft sich jetzt öfter mit einem schmalgesichtigen Burschen von den Revolutionären Kommunisten. Er heißt Arthur Streicher, wobei eigentlich keiner mehr so heißt, wie er wirklich heißt. Es wird nur noch mit Decknamen gearbeitet, denn wer gefasst wird, soll nichts verraten können, auch nicht unter Folter. Er ist also Fred und sie Nelly. Das ist etwas komisch, weil sie sich aus ihrem Viertel kennen, aber sie sind jetzt eine Zelle im Untergrund. Ein Mitglied kennt immer nur wenige andere. Bald nutzen sie tote Briefkästen, markieren wichtige Termine statt in Kalendern mittels der gestanzten

Ziffern auf gebrauchten Straßenbahnfahrscheinen. Und platzt eine Verabredung, dann tauchen sie am selben Ort einen Tag und eine Stunde später wieder auf. Klappt es dann wieder nicht, ist etwas passiert.

Wie es sich gehört, hat die neue Gruppe auch eine illegale Zeitschrift, den *Bolschewik*, Preis: 15 Groschen. Für die Finanzierung sorgt ein Wiener Betriebsdirektor, der aus Zeitvertreib linke Bewegungen unterstützt. Angeschrieben wird darin nicht nur gegen Schuschnigg und Hitler, deren zwischenmenschliche Spannungen der österreichische Kanzler immer wieder mit freundlichen Amnestien für SS-Trupps zu mildern versucht, die in Österreich versuchen, ein Großdeutschland herbeizubomben. Im *Bolschewik* geht es auch gegen die moskautreuen Kommunisten, die in Wien dazu übergehen, die Trotzkisten an die Polizei zu verraten. Den theoretischen Überbau und praktische Übertreibungen gibt es gratis: In der Nummer vom Juli 1936 wird die neue Französische Revolution gefeiert. Arbeitsniederlegungen in Frankreich, Spanien und Belgien hätten die Länder »in ein Feuer revolutionärer Massenstreiks getaucht«. Mit der geschraubten Diktion ihres Parteiorgans kann Melanie wenig anfangen, und eine Diktatur, die will sie nicht. Auch nicht die des Proletariats. Das ist ihre rote Linie. Sie spürt das schon damals, aber sagen kann sie es doch nicht gleich.

Einstweilen können die Kader mit dem Einsatz ihrer neuen Genossin Nelly sehr zufrieden sein: Sie ist nicht nur als Kurierin unterwegs, sondern schleppt mit Arthur auch ein älteres Abziehgerät in ihr Kinderzimmer, auf dem sie Material vervielfältigen. Als einmal ihre Schwester hereinplatzt, küssen sie sich im Bett zur Tarnung, was Arthur wohl ganz gut, Melanie weniger und ihrer Schwester gar nicht gefällt. Die petzt alles, und ihre Eltern stellen Melanie, halb Spaß, halb Ernst, vor die Alternative, so etwas sein zu lassen oder sie andernfalls zügig zu verheiraten.

4

DIE GRUPPE

Zu den wichtigsten Kadern ihrer Gruppe zählten damals drei junge Männer, von denen sie erst einmal nur hörte, aber wegen der Geheimhaltung nicht zu viel wissen sollte: Georg Scheuer, Gustav Gronich und Karl Fischer.

In ihrem Karton mit den Bildern bewahrt Melanie Fotos von den dreien auf. Eines zeigt Georg nach dem Krieg an der Schreibmaschine. Melanie schaut das Bild an, den großen Mann mit den feingliedrigen Händen, den alle früher »Roter Hansel« nannten und der durch seine Brille so konzentriert auf das Blatt blickt. In den sie einmal verliebt war. »Wo immer es möglich war, hat er geschrieben«, sagt sie, »das war fast eine Manie.« Georgs Buch *Nur Narren fürchten nichts* steht bei ihr im Regal. Im Drehbuchtempo fliegt man darin durch sein widerständiges Leben bis 1945. Auch Melanie spielt eine Rolle, unter anderen Frauen. »Für Nelly«, hat er im Oktober 1991 als Widmung ins Buch geschrieben, und darunter: »Meine Gefährtin in jener Zeit«. Ein kurzer Gruß, wie für einen Kameraden. So als ob er sich nicht eingestehen konnte, was sie ihm bedeutete. Was sie ihm und der Gruppe alles gegeben hat – die Liebe und Zuneigung nämlich, die ihr zu Hause gefehlt haben.

Ganz verlassen haben sich Georg und Melanie nie. Bis zu seinem Tod im Jahr 1996 halten sie Kontakt. Sie fahren zusammen mit ihren Partnern in den Urlaub. Sie schwimmen nackt, wo immer es möglich ist und wie sie es immer taten, und reden über verpasste Chancen und Irrtümer der Linken, wobei Georg gar nicht so viele erkennen kann. Auf einem Bild nestelt Melanie mit der einen Hand an Georgs Hosenbund herum, während ihre andere ihm beherzt in den Schritt

Abb. 2: Melanie beim Justieren einer Hose von Georg Scheuer; rechts daneben Gustav Gronich mit seiner Frau (Wien 1963)

greift. Neben den beiden stehen Gustav Gronich und dessen Frau, die sich völlig baff die Hand vor den Mund hält und gleich loszuprusten scheint. »Dabei habe ich nur Maß genommen, um seine viel zu weite Hose zu ändern!«, sagt Melanie.

Gustav steht auf den Fotos meist am Rand, ein schlaksiger Typ mit dunkelblondem Haar. Melanie nennt ihn nur »Gusti«. Ähnlich wie Georg verfügt auch Gustav über jene Mischung aus Instinkt und fatalistischer Risikobereitschaft, mit der sich beide auf wundersame Weise durch die Jahre der NS-Herrschaft schlängeln und ihrer Gruppe helfen, zu überleben. Eigentlich aber, so Melanie, sei Gustav das Gegenteil von Georg gewesen: kein Frauenheld, sondern einer, der sich eher zurückzog, kein Theoretiker, sondern einer, der loslegte. Ein Automechaniker-Lehrling mit Draufgängerqualitäten. Bei den Februarkämpfen 1934 entkam er der Polizei über die gefrorene Donau.

Auf den Bildern schaut er meist etwas verwundert, aus großen, ein bisschen traurigen Augen. Auf einem steht er mit seiner Frau neben Melanie und ihrem Mann. Zwischen den Paaren steht Georg Scheuer. Er wirkt wie ein Showmaster, hat seine Arme um beide Frauen gelegt und sagt etwas in die Kamera. Gustav schaut ihn von der Seite an. Georg, der eloquente Pariser Zeitungskorrespondent, und Gustav, der Nachtportier in einem Wiener Stundenhotel. »Der Gusti«, sagt Melanie und muss kurz innehalten und sich räuspern. Er habe es schwer gehabt, nach dem Krieg in Wien beruflich Fuß zu fassen. Gusti, der bei ihrer Befreiung aus dem Gefängnis von Marseille sein Leben für sie aufs Spiel gesetzt hatte. Der sich unter seinem Pseudonym »Max« für ihre Gruppe aufrieb, die seine Familie geworden war.

Der dritte Genosse, Karl Fischer, war etwas jünger als Georg und Gustav. Auch von ihm gibt es Bilder. Auf den meisten trägt er eine starke Brille und wirkt etwas schüchtern. »Kegel« hätten sie ihn genannt, sagt Melanie, auch seine Mutter habe ihn so gerufen. Kegel, das sei eigentlich eine mittelalterliche Bezeichnung für ein uneheliches Kind, »also eine ziemliche Belastung«. Aber Karls Mutter Maria habe den Namen bewusst verwendet, um Getuschel und Gerüchten zuvorzukommen. Ihr Sohn nutzte ihn später als Decknamen im Untergrund. »Karls Mutter ist sehr mutig gewesen.« In ihrer Wohnung hätten sie damals das Sekretariat der Gruppe einrichten dürfen.

Ein erkennungsdienstliches Foto aus dem November 1936: Es zeigt den achtzehnjährigen Karl Fischer als vermeintlichen Verbrecher, von vorn, von der Seite, mit und ohne Brille. Sein blondes Haar ist ordentlich gescheitelt, seine kaufmännische Lehre ordentlich bestanden. Er trägt Schlips und Anzug.

»Damals hatte sich ein Spitzel bei uns eingeschlichen und zehn Leute verraten«, sagt Melanie. Nach und nach sieht sie in diesem Jahr 1936 ihre Genossen wie Dominosteine fallen, bevor sie sie überhaupt richtig kennengelernt hat.

Im Frühjahr ist bereits Gustav geschnappt und zu sechs Monaten Haft verurteilt worden, dabei hatte er so hochfliegende Pläne. Der

Zwanzigjährige sollte die Leibgarde Trotzkis verstärken, der sich zu dieser Zeit in Oslo aufhält. Aber die Polizei hat bei ihm Matrizen des *Bolschewik* gefunden. Es ist die Zeit der großen Hatz: Schon zuvor waren Sozialisten verhaftet worden, darunter ein Vierundzwanzigjähriger mit kühlem Blick namens Bruno Kreisky.

Kaum kommt Gustav im Sommer durch eine Amnestie frei, folgt im November die nächste Verhaftungswelle: Es erwischt jetzt Georg und Karl. Ihre Broschüren gelten plötzlich als landesweite Gefahr. Ihr Verfahren bauscht die gleichgeschaltete Presse zum »Trotzkisten-Prozess« auf. Wegen Hochverrats und »Aufreizung« werden sie zu je fünf Jahren Kerkerhaft verurteilt.

Die Gruppe ist aufgerieben, Kontakte brechen ab. »Wir haben versucht, weiterzumachen«, erinnert sich Melanie. Zwei notdürftige Ausgaben ihrer Zeitschrift erscheinen noch, aber ein Jahr nach ihrer Gründung scheinen die Revolutionären Kommunisten schon wieder Geschichte zu sein. Einstweilen muss Melanie stillhalten.

Bei den Vernehmungen zeigt sich, wohin Österreich driftet. Mit rotem Gesindel wie ihm werde jetzt kurzer Prozess gemacht, sagt der zuständige Kommissar zu Karl. Anders als in Deutschland, hält sich die Polizei mit brutaler Folter noch zurück. Noch ist in den stundenlangen Verhören bei Ohrfeigen Schluss, noch kommt Karl damit durch, dass er sich beim besten Willen nur an den Namen »Gustl« erinnern kann, wenn es um die Manuskripte geht, die er zum Abschreiben erhalten hat.

In seiner Einzelzelle schreibt Georg gegen die ihn in den ersten Wochen fast verrückt machende Einsamkeit an. Er wolle mehr Luft und mehr Licht, steht in seinen Gesuchen an die Gefängnisleitung. Er fängt an, mit sich selbst zu reden. Und scheint doch irgendwoher revolutionäre Euphorie bei sich ausgraben zu können. Er beginnt damit, sich die ihn zerfressende Monotonie schönzureden, glaubt daran, dass »die Bourgeoisie vor uns zittert« und der Tag nicht mehr fern sei, »an dem die Massen die Kerkertore zerbrechen«. So beschreibt er es zumindest später in seinem Buch über diese Zeit.

Sein Selbstbetrug endet immer dann, wenn er im Gefängnis auf Karl trifft, seinen niedergeschlagenen Freund, der sich fragt, warum man ihm sein Leben nimmt, bevor es richtig begonnen hat: Er sei doch kaum gereist, habe nichts von der Welt gesehen, noch nie mit einer Frau geschlafen. »Durch Zufall sind die beiden dann freigekommen«, sagt Melanie und taucht aus ihrem Lehnstuhl auf, »und dann ging es mit uns doch wieder weiter.«

Im Februar 1938 gibt es erneut eine Amnestie: Auf Druck aus Berlin müssen dauernd irgendwelche Kettenhunde Hitlers begnadigt werden. Im Windschatten der Nazis werden auch Linke entlassen, und so kommen auch Scheuer und Fischer frei.

Nur frei, was heißt das jetzt noch?

5

WIENER BLUT

Der 15. März 1938 ist ein strahlender Tag, fast zehn Grad, seit Langem war es im März in Wien nicht mehr so mild. An diesem Dienstagmorgen geht Melanie zur Miedermacherschule in der Nähe des Schwedenplatzes. Ein paar Wochen, und sie feiert ihren Abschluss. Ein paar Stunden, und man bejubelt den Anschluss.

Gegen zehn Uhr hört sie anschwellendes »Heil«-Gebrüll vom Stephansplatz her, darauf stiehlt sie sich aus der Schule. Um elf Uhr soll auf dem Heldenplatz eine »Befreiungskundgebung« stattfinden. Der Führer soll sprechen.

Angekündigt hatte sich die vermeintliche »Vereinigung des deutschen Mutterlandes« schon lange. Die beiden waffenklimpernden Kaiserreiche, die nach 1918 so gestutzt und gedemütigt wurden, so etwas schweißt zusammen. Da gilt Nibelungentreue! Um die Österreicher daran zu erinnern, haben die Nationalsozialisten lange mit den Hufen gescharrt und für den Anschluss getrommelt und auch ein bisschen herumgeschossen. Nun scheint das Land sturmreif.

Zwar hatte Kanzler Schuschnigg, einst Chef einer paramilitärischen katholischen Jugendtruppe, die ganze Inszenierung noch ein wenig aufgehalten, aber als Hitler ihn am 12. Februar in Berchtesgaden auf dem Berghof türenschlagend zusammenfaltet, kriecht in ihm die Angst hoch. Erst hebt er das Verbot der österreichischen Nationalsozialisten auf und beteiligt sie an seiner Regierung. Dann sagt er pflichtschuldig die geplante Volksabstimmung für ein »freies und deutsches« Österreich ab, wobei er zu der Zeit wohl selbst nicht mehr weiß, wie das zusammenpassen soll.

Am 11. März tritt er per Radioansprache zurück.

Weder sein langjähriger Schutzpatron Mussolini noch die Presse zeigen sich noch hilfsbereit. Die Zeitungen sind umgeschwenkt, und die Menschen kaufen an Kiosken Hakenkreuzfähnchen. Die vermeintliche Erlösung naht: Schon in Linz spricht Hitler am 12. März vor 80 000 begeisterten Anhängern. Am Nachmittag des 14. März rollt seine Autokolonne in Wien ein. Die Mercedes-Limousinen fahren nur 40 Stundenkilometer und werden unter dem Geläut der Kirchenglocken von vielen Wienern frenetisch empfangen. Aus dem Auto heraus streicht Hitler ergriffenen Männern übers Haar. Ihr Land geht unter, und die Österreicher feiern – perfektes Wochenschau-Material.

Am Mittag des 15. ist es dann so weit. Am Burgring sind die Menschen auf Bäume geklettert, um besser auf den Heldenplatz sehen zu können, auf ihren Führer. Hitler spricht krächzend von Missionen, Juden, Krieg und auch von Frieden. Und die arme, von ihrer Regierung so lange getäuschte Menge, eine Viertelmillion, ist begeistert. Nicht blind begeistert, sondern sehenden Auges – denn Zwangssterilisierungen, die Nürnberger Rassengesetze, KZ-Folterkammern, das ist alles inklusive, alles unverkennbar. Alles aus der deutschen Nachbarschaft bekannt.

Melanie steht am hinteren Ende der Masse am Burgring. »Wenn man am Ring nimmer durchkommt, haben wir Revolution«, heißt es in Wien. Als Hitler »vor der deutschen Geschichte nunmehr den Eintritt meiner Heimat in das Deutsche Reich« meldet, hört sie kaum noch hin. Die ganze Suppe, gegen die sie in den Jahren zuvor in Dutzenden Aktionen ihr junges Leben riskiert hat, hier wird sie noch einmal aufgetischt, in ihrer reinrassigsten Rezeptur.

Warum sie an diesem schönen Tag denn weine, fragt sie ein Mann, der sich neben die Bank gestellt hat, auf die sie sich gesetzt hat.

Das wird Krieg geben, antwortet sie.

Sag das bloß nicht laut, Mädchen, sagt der Mann – und ist schon weg.

Am nächsten Tag ist Melanie wieder unterwegs. Von der Erlafstraße läuft sie an ihrer alten Schule vorbei und am Prater mit dem Riesenrad. Am Praterstern geht es über die Straßenbahnschienen in die Praterstraße, den »Broadway Wiens«. Nirgendwo in der Stadt stehen mehr Bühnen als dort. Auf der Straße sieht sie einzelne Menschen hocken, umringt von einer gut gelaunten Menge aus Schaulustigen und Männern mit Hakenkreuzarmbinden. Es sind jüdische Frauen und Männer, die kniend die Straße putzen. Sie müssen mit Bürsten und scharfer Lauge die Parolen für ein unabhängiges Österreich abschrubben, die von der ausgebliebenen Volksbefragung noch auf der Straße zu erkennen sind. Einige behelfen sich mit Zahnbürsten. Ein paar Kinder schmeißen Steine auf sie.

Melanie zischt sie an: Was macht ihr da, das sind doch eure Nachbarn!

Dann muss sie rennen.

Durch eine Passage läuft sie in die Czerningasse, eine der typischen schmalen Straßen der Leopoldstadt. Heute ist auf dem Gehsteig zu sehen, welcher Hass dort in den Wochen und Monaten nach dem »Anschluss« zuschlug: In kaum einer Straße Wiens liegen mehr goldene »Stolpersteine« als hier. Jüdische Familien waren dort in Sammelwohnungen zusammengepfercht worden. Vor dem Haus 7a reicht der Gehsteig nicht für die Zahl der Deportierten, dafür ist ein etwas größerer Stein in den Boden eingelassen: »Aus diesem Haus wurden 70 jüdische Männer, Frauen und Kinder deportiert. Nur 6 von ihnen haben überlebt.«

Melanie rennt am Prater vorbei. »Habe die Ehre« steht über dem Eingang.

In Dauerschleife laufen die Klassiker des Walzerkönigs Johann Strauss: *An der blauen Donau* – und natürlich *Wiener Blut*.

Und jetzt? Wird es eng.

Im Luxushotel Métropole am Morzinplatz bezieht die Gestapo Quartier. Etwa 70 000 Menschen werden noch im März verhaftet. Zum Verhör werden ins Métropole bald täglich über 500 Menschen bestellt und viele gleich dabehalten. Gefoltert wird in den Kellerräumen.

Im Sommer erwischt es wieder Gustav Gronich. Er hatte sich die SA-Uniform eines Nachbarn von dessen Balkon geborgt, was ihm die beste Tarnung schien, um verlorene Kontakte wiederherzustellen. Als er mit einem Handwagen unterwegs ist und darin die halbe Bibliothek der Revolutionären Kommunisten hinter sich herzieht, um diese zu vergraben, wird er geschnappt. Über seine Chuzpe sind die Gestapo-Leute im Métropole so verblüfft, dass sie ihn lieber in deutschen Konzentrationslagern inhaftieren, statt einen Prozess wegen Uniformmissbrauchs anzustrengen.

6

FLIEHEN

Die große Eiche mit dem knorrigen Stamm, in deren Schatten Melanie an diesem Junimorgen sitzt, müsste etwa in ihrem Alter sein. Sie steht im Innenhof des Gemeindebaus in der Erlafstraße. Als sie 1928 dort einzogen, sei das ein »ganz dünnes Bäumchen« gewesen, sagt Melanie.

Nun, 91 Jahre später, schaut sie auf das Küchenfenster der Hochparterrewohnung, auf deren Tür unter dem Spion einmal »Familie Berger« stand. Auf den Außensims des winzigen Klofensters haben die heutigen Bewohner zwei Rosen gestellt, wie zur Begrüßung.

Dieser Hof war einmal ihre Heimat, der zweite Bezirk ihre Welt.

Dann begannen die Nazis mit ihren eifrigen Gehilfen, die auf einmal alle Schlange stehen und es gar nicht erwarten können, endlich »richtig aufzuräumen«, Familien wie die Bergers aus Österreich hinauszuwerfen, Wohnungen zu »arisieren«, in Wien allein 59 000. Melanie die Sehnsucht zu nehmen, gelang ihnen nie.

Dieses ganze Wien war nicht so leicht aus ihr herauszubekommen. Ihre Streifzüge um den Sterneckplatz, bei denen sie von den Leierkastenspielern zu den Turnstangen und von da aus in die Arbeiterbibliothek lief und dabei manchmal so schnell rannte, dass ihr Herz im Kopf hämmerte, die eiserne Tür zum Innenhof ihres Wohnblocks, die wie eine Zugbrücke in die Geborgenheit war und allem Bedrohlichen den Weg abschnitt, später das Schwimmen in den Wasserarmen der Lobau, das erste Buch von Rosa Luxemburg – all das musste sie nach dem Einmarsch der Deutschen aus ihrem Leben lassen. Aber nicht aus ihrer Erinnerung.

Der Hausmeister, ein Sozialdemokrat, hat sie in diesem sich überschlagenden Frühjahr bereits gewarnt: Die Polizei sei da gewesen und habe sie gesucht. Melanies Name steht offenbar bereits auf Fahndungslisten, zudem ist sie Jüdin und als Trotzkistin auch noch im Fokus der Kommunisten. Sie ist also dreifach bedroht – eigentlich der Moment für eine ganz profane Panik. Melanie hingegen schaltet auf Pragmatismus. Wenn es so etwas wie eine entscheidende Stärke gibt, dann ist ihre wohl diese: Wird es schwer, denkt sie fast nur vorwärts. Sie kann schon die Marseillaise singen – und überhaupt: Frankreich, das Land der Freiheit und Brüderlichkeit, das ist doch eine Chance! Den Mief der Miedermacherschule, die altertümliche Erziehung ihres Vaters, das weltentrückte Bridgespiel ihrer Mutter, all die Dinge, an denen ihre Eltern festhalten, die wollte sie doch ohnehin hinter sich lassen. Wobei das nun vielleicht etwas schnell geht, es überschlägt sich ja alles, das ganze Wien verflüchtigt sich im Zeitraffer. Wo ist eigentlich ihre Jugend? Nicht einmal richtig geküsst hat sie, mit 16! Stattdessen muss sie nun Entscheidungen treffen, an denen viele Erwachsene in dieser Zeit zerbrechen oder die sie wegschieben, bis es zu spät ist.

Während Melanie Gefahren und Fluchtoptionen mit ihrer Gruppe fast täglich wie Wetterberichte studiert, sehen viele keinen Grund zur Panik, auch ihre Eltern nicht. »Judenrein«, was soll das denn bitte heißen?

Dass die Bergers aus ihrer Wohnung sollen, kann ihr Vater nicht einmal glauben, als Freunde schon ihre Sachen packen müssen. Es dauert, bis er begreift, dass es nicht mehr darauf ankommt, ob jemand Weltkriegsveteran ist und sein Vaterland liebt wie er.

Ein Ausweg, den die Eltern schließlich erwägen, ist die Verwandtschaft in Ungarn, doch Melanie will nicht mit dorthin. Zum einen scheint ihr die Ostroute nicht geheuer. Außerdem haben die Revolutionären Kommunisten zusammen Fluchtrouten ausgearbeitet, und ihr gemeinsames Ziel ist Frankreich.

Ihrer älteren Schwester Eva hilft sie noch dabei, ein »domestic permit« zu beantragen, womit diese wenig später als Dienstmädchen über Belgien nach Großbritannien emigrieren kann. Schließlich verkauft Melanie einen kleinen Schrank für 70 Schilling, sagt ihrer Puppe Lebewohl und steht dann am Muttertag, dem 15. Mai 1938, mit einem kleinen gelben Rucksack vor ihrer Mutter und ihrem Vater, der mehrmals schlucken muss. Eva, das wissen die Eltern, hätten sie vielleicht zurückhalten, umstimmen können, Melanie nicht. Sie umarmen sich kurz, denn sie muss schon los. Am Prater wartet Arthur Streicher mit einem Freund. Die drei wollen per Autostopp zunächst an die deutsch-belgische Grenze nach Aachen, quer durch das Deutsche Reich.

Der Fluchtweg scheint einigermaßen lebensmüde, doch sie wollen die Anschluss-Euphorie nutzen: Österreich ist nun Teil des Reichs, die Schlagbäume sind offen, komplizierte Grenzkontrollen kaum zu befürchten. Über die Schweiz zu reisen scheint wegen der rigiden Flüchtlingspolitik ein kaum kalkulierbares Risiko.

Vorsichtiger ist die Führungsriege. Karl Fischer ist schon im April zu einem grenzüberschreitenden »Skiausflug« aufgebrochen und illegal über die Schweiz nach Paris gelangt, wo er auf Georg wartet. Der ist zu Verwandten in die Tschechoslowakei geflohen, wobei ihm ein Rätsel ist, wie er von dort nach Frankreich kommen soll. Hitler wettert immer lauter gegen die »Prager Verbrecherclique«, aus deren Händen er die sudetendeutschen Gebiete heim ins Reich holen will. Der Landweg ist zu risikoreich, erst im Juni ergattert er einen Direktflug von Prag nach Straßburg.

Ihre eigene Fluchtroute kommt Melanie fast wie eine Weltreise vor: 160 Kilometer ins ungarische Pápa, das ist bis jetzt ihr längster Ausflug gewesen.

Bei Passau freut sich ein deutscher Lastwagenfahrer über die wohlerzogenen österreichischen Jugendlichen, die ja nun Reichsdeutsche seien. Nur Muttertag sage man jetzt nicht mehr, verbessert er sie, es heiße »Ehrentag der deutschen Mütter«. Sie kommen erstaunlich gut voran, schlafen bei Bauern, Aachen erreichen sie am Nachmittag des 17. Mai. Eigentlich sollen sie dort einen Kontaktmann treffen, der sie über die grüne Grenze bringen soll – aber vorher werden Arthur und sein Freund am Grenzübergang an der Lütticher Straße von der Polizei festgenommen. Melanie steht allein da.

Den Kontaktmann findet sie bald, einen untersetzten, etwa vierzigjährigen Herrn, der mit seinen Gestapo-Kontakten prahlt. In der Grenzregion blüht das Geschäft der Schleuser: Tausende meist jüdische Flüchtlinge werden bis Kriegsbeginn versuchen, durch die Birkenwälder nach Belgien zu entkommen. Unentgeltlich helfen den Flüchtlingen nur wenige Deutsche. Die Tarife der Schlepper liegen bei einigen Hundert Reichsmark – pro Person. Ärmere Gruppen werden erst dann geführt, wenn die Wertsachen, die sie anbieten können, lukrativ genug erscheinen. Garantien gibt es keine: Auf dem stundenlangen Weg durch die Wälder werden viele entkräftet gefasst und landen in deutschem Polizeigewahrsam.

Melanie hat kein Geld. Der Kontaktmann will sie hinüberbringen, wenn sie vorher mit ihm ins Hotel geht. Sie ist erst verzweifelt, dann kommt ihr Zorn.

Haben Sie Kinder?, fragt sie den Mann.

Ja, zwei Töchter.

Was er tun würde, wenn ein Typ seine Töchter so angehen würde?, fragt sie.

Ihn erschlagen, sagt der Mann.

Melanie: Sehen Sie, das kann ich nicht, aber Sie können mich trotzdem hinüberbringen.

Der Mann schaut von Melanie auf die Zigarettenpackung in seinen Händen, von der Packung auf Melanie. Und dann geschieht das Unerwartete: Er lächelt und gehorcht.

Der Abend ist kühl, es regnet. Kurz vor der Dämmerung brechen sie auf, zwanzig Flüchtlinge und der Schleuser. Sie durchstreifen den

Aachener Wald, wobei sie kaum auf Wegen gehen, um zu vermeiden, auf deutsche Patrouillen zu stoßen. Sie kriechen durch Unterholz, überqueren einen Grenzgraben und erreichen gegen Mitternacht schließlich Lüttich, wo ein Bus wartet, der sie nach Brüssel bringt.

Um drei Uhr früh werden sie dort abgesetzt. Melanie bekommt noch so ein Angebot, das sich aus Hilfe und Hotel zusammensetzt, dann verstreuen sich die anderen Flüchtlinge, und sie ist allein.

Und jetzt? Melanie überschlägt ihre Lage: Sie ist 16, hat kein Geld, keine Adresse, spricht kein Französisch, hat nicht geschlafen und sich nun noch erkältet.

Man kann nicht alles haben, aber sie hat nichts, nur ihr Zittern. Der Morgen ist kalt, ihr ist flau vor Erschöpfung und andauernd diese Angst im Nacken, dass ein Polizist sie anspricht. Nach einiger Zeit bemerkt sie ein Pärchen, das Deutsch miteinander spricht. Sie schleicht den beiden nach und spricht sie schließlich an: Entschuldigen Sie, ich bin Flüchtling, können Sie mir helfen?

Die beiden nehmen sie mit zu einem Flüchtlingskomitee. Noch gibt es so etwas in Belgien. Dort sitzt sie bis fünf Uhr nachmittags, bis es plötzlich heißt: Wir schließen. Melanie hatte übersehen, eine Nummer zu ziehen. Ihre Flucht hat gerade erst begonnen, doch sie ist am Ende, das erste Mal in ihrem Leben. Sie weint und schreit und schlägt an die geschlossene Bürotür, bis eine Dame herauskommt und sie beruhigt. Sie bekommt einen Lebensmittelgutschein und einen Bon für eine Hotelübernachtung.

Du kannst dich waschen, das ist ihr erster Gedanke. Ein Mindestmaß an Sauberkeit und Stil war für sie schon als Grundschülerin unabdingbar. Am nächsten Tag erhält Melanie auf der Fremdenpolizei eine Aufenthaltsgenehmigung und durch das Flüchtlingskomitee eine Stelle als Zimmermädchen in einem Hotel. Sie hat etwas Fieber, aber ist froh, endlich arbeiten zu können. Untergebracht ist sie in einem kleinen fensterlosen Raum im Hotel. Die Wäscheberge, die sie waschen muss, sind immens, die vielen Zimmer, die aufzuräumen sind, schafft sie gerade irgendwie, nachts vibriert ihr Körper vom Schüttelfrost. Als sie sich gerade halbwegs aufgerappelt hat, wird sie verdächtigt, Schmuck gestohlen zu haben. Das ist zu viel für sie: Sie muss sich übergeben und bricht heulend zusammen. Sie ist kurz davor, sich aufzugeben, beinahe so weit, nach Wien zurückzugehen, selbst wenn sie dort ins Gefängnis müsste.

Dass sich der Schmuck bei einer anderen Bediensteten wiederfindet, hilft ihr nicht: Die zwei herbeigerufenen Polizisten sehen in der Sechzehnjährigen mit dem fahlen Gesicht und ihren auf Deutsch vorgetragenen nervösen Unschuldsbeteuerungen nur eine Unannehmlichkeit: Sie werde aus Belgien ausgewiesen, wird ihr beschieden, und müsse sich deshalb noch am selben Tag bei der Fremdenpolizei melden.

Melanie flimmert es vor den Augen, als sie vors Hotel tritt. Sie muss sich an eine Hauswand lehnen, bestimmt eine halbe Stunde harrt sie dort aus. Und dann kneift sie die Augen zusammen, weil sie nicht glauben kann, was sie sieht: Dass nämlich von der anderen Straßenseite her Arthur Streicher und sein Freund auf sie zukommen, ausgerechnet jetzt. Die deutsche Grenzpolizei hat die beiden laufen lassen. Sie haben es durch die Wälder nach Belgien geschafft und sich im Komitee nach ihr erkundigt.

Zu dritt statt allein: Melanie spürt auf einmal, wie sie wieder richtig Luft bekommt. Wie der Druck auf ihrer Lunge nachlässt und der Appetit zurückkehrt. Plötzlich sind sie keine Opfer mehr, sondern ein Überlebenskommando. Es geht wieder weiter! Aus Brüssel allerdings sollte sie bald verschwinden, sie ist ja hier nicht erwünscht. Zehn Tage hat ihr die Fremdenpolizei gegeben, um das Land zu verlassen. Arthur hat Adressen von belgischen Genossen, Kohlekumpel in Charleroi, bei denen sie wohnen können und die sie aufpäppeln werden.

Ihre Anspannung aber bleibt. Wie soll sie sich auch legen, wenn halb Europa immer nervöser wird? Wegen der Sudetenkrise scheint ein Krieg unvermeidbar.

Doch dann bricht plötzlich Frieden aus. Daladier und Chamberlain beschließen mit Hitler und Mussolini am 29. September in München, die Tschechoslowakei zu verhökern. Édouard Daladier, französischer Regierungschef und eben noch radikaler Sozialist und als Minister im Kabinett Léon Blum damit beschäftigt, den Faschisten im eigenen Land die Stirn zu bieten, wird plötzlich ganz weich und nachgiebig und ermahnt die Tschechoslowaken, Hitler entgegenzukommen und mit dem Sudetenland einen großen Teil ihres Landes an ihn abzutreten. Und nun, nach diesem Abkommen, dieser abgenickten Landnahme, lässt er sich wie Chamberlain als Friedensstifter feiern, als Besänftiger Hitlers. Ein halbes Jahr später marschieren die Deutschen in die »Rest-Tschechei« ein.

7

VERBOTENE LIEBE

Das Ziel der Revolutionären Kommunisten bleibt Frankreich, obwohl es so aussieht, als ob auch ihrem Traumland die Demokratie gerade durch die Finger rönne. Daladier will den Strom politisch suspekter Flüchtlinge eindämmen. Er verschärft die Meldepflicht für Hotelbesitzer, eine von den Behörden ausgestellte Carte d'identité gilt nur noch für ein Département. Bevor sie versuchen, sich nach Frankreich durchzumogeln, trifft sich an einem Abend Ende September in Antwerpen die deutschsprachige Emigration – und Melanie der Schlag. Und zwar so: Sie sitzt im großen Saal eines einfachen Restaurants am Bahnhof mit Arthur und deutschen Genossen, die schon einige Jahre länger da sind und Nachhilfe im Überleben geben. Ihr schwirrt der Kopf von den Diskussionen über imperialistische Kriege, das Münchner Abkommen und die Vierte Internationale, bei denen sie kaum mitkommt. Da hinten, heißt es dann von den Deutschen, sitzen die österreichischen Theoretiker, und Melanie schaut hin und denkt: Huch? Ist der mit der Nickelbrille und der hohen Stirn, der sie durch alle hindurch so ansieht, nicht dieser Georg Scheuer? Und jetzt kommt er auch noch auf sie zu, und sie weiß gar nicht, mit welchem Decknamen sie ihn ansprechen soll, Roter Hansel oder Doktor Matzner? Und wie war ihrer überhaupt noch mal, den sie für diese Flucht bekommen hat?

Anna?, sagt Georg.

Ja, sie lacht etwas verunsichert.

Dann reden sie über Wien und ihre absurden Fluchtrouten und kommen gar nicht mehr richtig voneinander los und gehen hinaus, und sie leiht ihm ihre Weste als Polster, weil er nur in einer kalten

Garage untergekommen ist. Sie umarmen sich zum Abschied, aber es ist anders als mit Arthur, den sie im Restaurant zurückgelassen hat. Was ist denn mit ihr los?

Am nächsten Abend sehen sie sich wieder in einem Café, sie bald 17, Georg 22. In der Szene ist er kein Unbekannter mehr, nur wenige durchblicken die kaum noch überschaubaren Flügelkämpfe innerhalb der Linken so wie er. Georg ist ein verbissener Theoretiker, aber wenn es zu verbissen wird, muss er über sich selbst lachen. Überhitzte Diskussionen kühlt sein Wiener Schmäh schnell wieder auf Kaffeehausatmosphäre herunter. Melanie gefällt, dass er zuhören kann. Sie erzählt ihm von ihrem misslungenen Einstand in der Emigration, ihrem Zusammenbruch im Hotel und ihrer ständigen Anspannung, die sich gar nicht legt und wie wenig sie schläft und isst, und allein durchs Erzählen wird ihr schon wohler und leichter. Georg schildert ihr seine Haft in Wien und wie ihn diese Zeit mitgenommen hat. Und dann berühren sich zuerst ihre Knie und dann ihre Hände und ihre Gesichter, und dann küssen sie sich, und zwar richtig.

Belgische und deutsche Freunde haben Geld für die österreichischen Genossen gesammelt, und so können die beiden sich ein kleines Zimmer bei einer älteren Dame mieten, die nicht nach Papieren fragt. Es liegt in einem Hinterhaus der Elisabethstraat in Bahnhofsnähe, mit kleinem Kohleofen und Petroleumlampe. Zusammen sind sie 38 Jahre alt. Und morgen vielleicht in einem deutschen Lager.

Draußen führt die belgische Polizei immer wieder Razzien durch und liefert Flüchtlinge an der Grenze an die Gestapo aus. Ein deutsches Wort kann einen verraten. Besonders riskant ist der Weg zum Flüchtlingszentrum, wo mitgenommene Menschen, meist Juden, stundenlang um Unterstützung anstehen. Georg versucht es trotzdem dort, aber Melanie ist das zu riskant. Sie geht mittags auf Märkte, klaubt altes Obst zusammen, und in ihrem Zimmer bereiten sie aus Haferflocken, Milch und etwas Zucker gemeinsam Birchermüsli zu. Dort im Zimmer fällt die Anspannung von ihnen ab. Sie wohnen, und wer wohnt, ist noch sicher, unantastbar. Sie tasten sich jetzt aber ziemlich ab. Ihre Augen seien frech, flüstert er, sein Lachen auch, sagt sie, und dann schlafen sie miteinander.

Georg erzählt ihr von Prag, das ihm nach seiner Wiener Haftzeit wie ein Weltwunder vorgekommen ist. Die Frauen, die er am Wenzelsplatz in holprigem Tschechisch angesprochen hat und die ihm dann die Stadt gezeigt und ihn manchmal mit nach Hause genommen haben, spart er lieber aus. Er berichtet von der Karlsbrücke, der riesigen Burg auf dem Hradschin und den deutschen Drohgebärden gegen die tschechoslowakische Republik. Und von den Schwierigkeiten, das Land wieder zu verlassen, weil in den grenznahen Gebieten schon radikale Sudetendeutsche nach der Macht gegriffen haben. Ihn hat ein französisches Durchreisevisum gerettet, mit dem er einen der letzten Flüge nach Straßburg nehmen konnte. Er hätte sogar noch eine andere Möglichkeit gehabt, dank des Netzwerks, das er sich über Jahre als Delegierter von Konferenzen zur Weltrevolution aufgebaut hat. Jetzt war dabei endlich einmal mehr herausgekommen als heiße Luft: Charles Béreaux, Postbeamter und Genosse aus Frankreich, hatte ihm seinen Reisepass und die Pässe einiger Freunde postlagernd in die Prager Hauptpost geschickt, um Georg und einige Österreicher aus der tschechoslowakischen Falle zu holen. Béreaux, den Namen merkt sich Melanie.

Eine bizarre Geschichte, die ihr Georg berichtet, ist erst wenige Wochen her. Zusammen mit Karl Fischer war er Anfang September mit dem Zug von Belgien nach Paris gefahren, um sich mit zwei Dutzend Delegierten aus Europa und den USA zu treffen. In dem Gartenhaus eines Genossen in einem Pariser Vorort hatten sie an der Gründungskonferenz der Vierten Internationale teilgenommen, einer Art Weltpartei der Sozialistischen Revolution. Mit einer Dosis Größenwahn: Trotzki wollte damit den anderen »Internationalen« der Sozialdemokraten und Kommunisten etwas entgegensetzen, doch Massen können seine dogmatischen Gefolgsleute nicht gewinnen. Er selbst, inzwischen im Exil in Mexiko, konnte ohnehin nicht kommen, schickte aber seine Thesen zum »Todeskampf des Kapitalismus«.

Tatsächlich war es aber ein ganz anderer Tod, der die Delegierten in Paris umtrieb und fassungslos machte – der des Deutschen Rudolf Klement nämlich, Trotzkis Mann in Paris, 29 Jahre alt. Er hatte die Konferenz vorbereitet, war aber im Juli spurlos verschwunden. Ende August waren zwei Säcke mit seinen Überresten aus dem Wasser der Seine gezogen worden. Melanie sieht Georg an, sie ist blass geworden, aber sie will mehr hören. Er erzählt von Stalins NKWD-Agenten, die im Ausland Jagd auf vermeintliche Konterrevolutionäre machen – und womöglich auch auf der Konferenz in Paris saßen.

Wie bitte?, denkt Melanie, und ihr wird schon wieder so flau. Gerade war es doch noch so gut, gerade war doch etwas Ruhe eingekehrt, und noch bevor sie richtig Luft holen können, geraten sie nun ins Räderwerk von Stalins paranoidem Geheimdienst? Sie müssten aufpassen, sagt Georg.

Erst Jahre später wird herauskommen, dass ein gewisser Marc Zborowski alias »Etienne« damals der entscheidende NKWD-Spitzel gewesen war. Auf der Konferenz hatte er sich als Klements rühriger Nachfolger präsentiert, dabei war er an der Organisation seiner Entführung beteiligt gewesen. Verdacht hatte kaum jemand geschöpft, für Trotzki war der Ukrainer damals ein Vertrauter. Zborowski hatte auf der Konferenz seinen Kollegen Ramón Mercader ein- und mit Trotzkis Sekretärin Sylvia Ageloff zusammengeführt. Der Kontakt wird Mercader knapp zwei Jahre später ermöglichen, Trotzki mit einem Eispickel so zuzurichten, dass er kurz darauf stirbt.

Georg und Karl, bis dahin eifrige Schüler des »Alten«, konnten von alldem noch nichts wissen. Aber auf der Konferenz waren ihnen Zweifel gekommen. Statt mit inhaltsleerer Propaganda im eigenen Saft zu schmoren, sollte man besser auf die politische Lage reagieren, hatte Karl gesagt. Statt immer mehr Gremien und Sektionen zu gründen, die sich als Totgeburten entpuppten, müsste man gegen den drohenden Krieg mobilisieren. Das stünde nicht auf der Tagesordnung, hatten die amerikanischen Delegierten entgegnet und eine Kriegsgefahr für übertrieben gehalten. Sie hatten Trotzki-Bärtchen getragen und Georg und Karl als »Ultralinke« beschimpft.

Zurück in Antwerpen waren sich die beiden nun noch isolierter vorgekommen, als sie es ohnehin schon waren. So allein indes waren sie gar nicht: Auch die belgischen und französischen Trotzkisten waren längst auf Abstand zur sektiererischen Zentrale gegangen. Trotzdem verhalten sich die beiden erst einmal still: Karl, der atheistische Wiener Arbeitersohn, in seinem Mansardenzimmer bei einer orthodoxen jüdischen Familie, wo es bereits ab Freitagabend kein elektrisches Licht und kein Radio mehr gibt, und Georg, der Sohn eines jüdischen Wiener Journalisten, der jetzt mit seiner jungen Freundin vor dem kleinen Ofen im gemeinsamen Zimmer sitzt. Was mit ihren Eltern ist? Sie wissen es nicht. Melanie wird die nächsten Jahre vergeblich auf Nachrichten warten. Georg bekommt einmal Post von seiner Mutter aus einem Ghetto bei Minsk: »Es geht uns gut. Wir sind gesund.« Dass ihre Schwestern es nach London geschafft haben, ist das Einzige, was sie wissen.

Am Abend des 25. Dezember klopft es an ihrer Tür. Vor Melanie und Georg steht ein junger Mann in triefendem Mantel, groß und gerade, dunkle Augen, feingliedrige Hände. Es ist Franz Lederer, der Leiter ihrer Inlandsgruppe. Bis November hatte er von Wien aus versucht, die Kontaktfäden in Österreich zusammenzuhalten, sich dann aber nach der »Reichskristallnacht« entschlossen zu fliehen. Auch er ist jüdischer Abstammung. Franz umarmt Georg, Melanie reicht er kühl die Hand. Nach dem Essen, das recht schweigsam verläuft, zieht er sich in den Dachbodenverschlag zurück, den Georg ihm hergerichtet hat. Am nächsten Morgen hält ihm Franz dort einen Vortrag über Sitten- und Regelkunde. Ein Revolutionär müsse enthaltsam leben können wie ein Mönch. Ginge das einmal nicht, gebe es Prostituierte. Was die beiden hier als Pärchen aufführten, grenze an Gruppenbildung innerhalb der Organisation, das sei hochriskant. Nach Verhaftungen hielten Frauen den Polizeiverhören kaum stand, so junge schon gar nicht.

Franz' Predigt ist selbst Georg zu viel. Melanie sei zuverlässig, entgegnet er trocken, schließlich sei sie schon länger dabei, kenne die Regeln und habe sich bewährt.

Melanie überlegt, was dieses Theater wohl soll. Ja, sie ist sehr jung, gerade 17, und verliebt. Und ja, die Kommunisten haben Liebe nicht vorgesehen, sie untersagt. Aber bestimmte Dinge kann kein Gesetz und keine Partei verhindern. Waren sie nicht Revolutionäre Kommunisten, weil sie sich eben nicht durch Parteidiktate drangsalieren lassen wollen? Was will jetzt dieser dogmatische Moralapostel, der sich emotional stark verkühlt zu haben scheint? Der ihr sagt, es gebe kein Glück, nur die Sehnsucht danach. Franz Lederer, so viel steht fest, kann sie nicht leiden.

Was ihm aber gefällt, ist das karge Dachbodenzimmer, in das der Wind hineinschlüpft und in dem es so kalt ist, dass sich sein Atem als Wolke abzeichnet, wenn er nachts vor der kleinen Dachluke steht. Es trifft genau seinen Asketen-Geschmack. Franz nistet sich bei ihnen ein. Er sorgt dafür, dass die Tage früher beginnen, weniger Zeit zum Essen bleibt, die Wohngemeinschaft nicht in bürgerliche Dekadenz verfällt.

Und er beginnt damit, die Gruppe auf strikte Klandestinität einzuschwören. Auch Karl Fischer muss zu dem täglichen Trainingsprogramm anrücken, das aus codierten Gesprächen mit bestimmten Stichwörtern besteht. Stundenlang werden scheinbar belanglose Unterhaltungen geübt. Wenn darüber informiert wird, dass Tante Erika wohlauf ist, geht es tatsächlich um Mitgliederzuwachs bei den Revolutionären Kommunisten. Vorzüge eines Mädchens namens Greta stehen für die Vorhaben der Nazis, die von Josefine hingegen für Pläne Stalins.

Franz hat Hunderte solcher Codes notiert, doch außer ihm kann sie sich keiner alle merken, auch nach wochenlangem Training nicht. Georg bringt die vielen Frauennamen durcheinander. Karl wird beim Lernen im Café von den Mitgliedern der deutschen Sektion beobachtet, die den Wienern einen konspirativen Fimmel attestieren. Melanie soll, wenn es nach Franz geht, am besten gar nicht eingeweiht werden, woraufhin sie ihn fragt, ob er das ernst meine. Es wäre vielleicht nicht schlecht, wenn auch sie Nachrichten dechiffrieren könnte. Abends übt dann Georg mit ihr, wenn er nicht an der Schreibmaschine sitzt. Sie müsse Franz den Übereifer nachsehen, erklärt er Melanie. Das sei ähnlich wie bei ihm, wie bei allen, die die Revolution beruflich betreiben.

Das ist doch kein Beruf, antwortet sie ihm und muss lachen.

Melanie hat jetzt oft das Gefühl, in einer Blase zu leben. Sie leidet an politischer Ermüdung: Diese ewige Wiederkehr gleicher Diskurse und Argumente! Wo ist die Verbindung zu den einfachen Leuten? Die Aktion, wie damals in Wien?

Sie schwadronieren und schreiben permanent von der vermeintlichen Umwälzung. Von einer Zukunft, die angeblich kurz bevorsteht, aber nie beginnt. Von den letzten Atemzügen des Kapitalismus. Eigentlich kann es sich nur noch um Stunden handeln, bis alles zusammenbricht. Aber die Stunden scheinen recht lang zu werden.

Das sagt sie so natürlich nicht. Enttäuschen will sie die anderen, und vor allem Georg, ja auf keinen Fall. Stattdessen schreibt sie jetzt Sätze wie: »Die zweite imperialistische Neuaufteilung Europas hat begonnen.« Sie arbeiten an einem neuen *Bulletin Oppositionel*, verfasst in dem bekannten hüftsteifen Stil der Vorgängerbroschüren. Melanie würde so nie schreiben, aber sie ist jetzt erst einmal nur Sekretärin. Ihre klare Schrift, die sie ganz klein machen kann, hilft beim Layout, das aus getippten und geschriebenen Passagen zusammengebastelt wird.

Das Bulletin besteht aus einem Dutzend zusammengehefteter DIN-A-4-Seiten, zum ersten Mal mit Beiträgen auf Französisch. Die Auflage ist klein, das Risiko hoch. Den wahren Wert bekommen die Drucksachen nicht durch ihren Inhalt, sondern durch die Lebensgefahr, die mit ihrer Verteilung verbunden ist.

Die Broschüren sind eine Art Mitgliederzeitung, ein internes Lebenszeichen an Freunde – und viel mehr: Sie sind ihre Daseinsberechtigung, ihre gemeinsame Bastelstunde und ihr Betäubungsmittel gegen die Angst: Wer jeden Schritt vors Haus dreimal bedenken muss, der schreibt auch gegen den eigenen Koller an, wie im Gefängnis. Ein Hilfsgesuch sind die Bulletins auch, denn die Revolutionären Kommunisten sind eine sehr kleine Nummer im großen Geflecht des Widerstands – und sehr allein. Vielleicht sind sie deshalb so produktiv, weil Georg und die Freunde auch gegen ihre Einsamkeit anschreiben.

Wenn abends die Schreibmaschine zugeklappt wird und sich der Nebel der Dialektik lichtet, dann nimmt die Neuaufteilung Europas beängstigend klare Formen an: Hitler hat im März 1939 die Rest-Tschechoslowakei besetzt, der Spanische Bürgerkrieg mit dem Sieg Francos geendet. Hunderttausende spanische Soldaten und Interbrigadisten fliehen nach Frankreich, doch besonders willkommen sind sie nicht. Inzwischen regieren in Paris Rechtskonservative mit, und Frankreichs Asylpolitik wird radikal beschnitten. Manchmal fragt sich Melanie jetzt, ob Frankreich wirklich die beste Option ist – und wischt den Gedanken dann schnell wieder weg, denn einen Weg zurück gibt es nicht.

8

PARIS

Zu Hause in Saint-Étienne bewahrt Melanie ein Foto aus dieser Zeit auf. Es ist ein Bild, das in Antwerpen in einem Fotoautomaten entstand und das sie für einen gefälschten Ausweis brauchte, auf dem ein Männername stand. Sie hatte sich dafür die Haare kurz geschnitten, sie ordentlich gescheitelt, ein Hemd angezogen »und den Busen zusammengebunden«. Um ihre Schultern hängt eine Musette, eine kleine Verpflegungstasche, wie die Arbeiter sie damals trugen. Mit der Tarnung wollte sie versuchen, als Kohlearbeiter über die Grenze nach Frankreich zu kommen. »Hätten die Grenzer genau hingesehen, hätten sie merken können, dass mein Hemd eine Frauenbluse war, die Knopfleiste war links«, sagt Melanie.

An einem Morgen im April 1939 verabschiedeten sie sich von Franz und Karl, die noch in Antwerpen bleiben wollten, um unter den Emigranten neue Mitglieder zu gewinnen. Charles Béreaux, Georgs französischer Kollege und Rettungsanker, hatte angeboten, beim Grenzübertritt zu helfen. Charles kennt die Grenzgegend, er wohnt im nordfranzösischen Lille. Georg und Melanie fahren getrennt voneinander per Zug nach Mons. Die Stadt liegt in der Mitte der belgischen und französischen Kohlebecken, der Grenzübergang nach Frankreich ist nah. Jeden Morgen überqueren ihn Hunderte Kumpel zu Fuß, die meisten arbeiten in den nahen Gruben des französischen Minengürtels des Nord-Pas-de-Calais.

Melanie soll sich früh am nächsten Morgen unter die Menge mischen, verkleidet als junger Arbeiter. Charles will mit einer Ausgabe der katholischen Zeitung *La Croix* unter dem Arm auf der

Abb. 3: Melanie mit Männerfrisur. Das Porträt entstand im Frühjahr 1939 für den Grenzübertritt von Belgien nach Frankreich.

anderen Seite der Grenze auf sie warten. Georg soll sich unabhängig von den beiden direkt zu Charles' Wohnung begeben.

Melanie kommen plötzlich Zweifel: Sieht nicht trotz der Verkleidung jeder, dass sie eine Frau ist? In Sichtweite des Grenzpostens bleibt sie stehen und merkt, dass sie zittert. Sie muss an das Fiasko an der Grenze in Aachen ein knappes Jahr zuvor denken. Was ist, wenn sie kontrolliert wird und man feststellt, dass sie illegal in Belgien ist? Kommt sie dann in ein deutsches Konzentrationslager, wie Gustav Gronich? Jemand stupst sie an, ein Arbeiter nur, »Pardon« sagt er, sie läuft wie ferngesteuert los, und der morgendliche Schwarm Menschen trägt sie ohne Probleme hinüber nach Frankreich. Ausweise werden kaum kontrolliert, und da steht schon Charles mit der Zeitung und seinem streng zurückgekämmten dunklen Haar und nickt ihr zu. Sie kann immer noch kaum Französisch, aber Charles ist ganz freundlich, redet langsam oder in Zeichensprache mit ihr, und dann schießen an diesem trüben Morgen sogar erste Sonnenstrahlen durch die Wolkendecke. Eine Straßenbahn bringt sie ins Zentrum von Lille. Frankreich fühlt sich gut an.

Schon beim Abendessen in Charles' Wohnung wird jedoch klar, dass die Lage nicht rosig ist. Der Postbeamte und seine Frau reden gedämpft, niemand soll wissen, dass sie Besuch haben. Die Polizeikontrollen nähmen zu, berichtet Charles, bei einem Bekannten hätten sie bereits die Wohnung gefilzt. Neue Dekrete sehen hohe Geldstrafen bei Verstößen gegen die Aufenthaltsregelungen vor. Charles' Frau beschwört Melanie, das Klo auf halber Treppe nur im Notfall zu benutzen und nie tagsüber. Zum Pinkeln nimmt Melanie also das Waschbecken im Bad. Durch das Fenster ihres Zimmers sehen Georg und sie, dass es draußen Frühling wird. Nur spätabends schleichen sie getrennt aus dem Haus, um ein paar Minuten Luft zu schnappen. Wenn Charles nach seiner Arbeit in ihr Zimmer kommt, entschuldigt er sich manchmal für sein Land.

Georg verlässt Lille als Erster in Richtung Paris. Auf der Préfecture hat er nicht einmal mehr eine einfache Aufenthaltsbewilligung (Permis de séjour) erhalten, die sowieso immer nur einige Wochen gilt. Ausweise (Cartes d'identités) werden Flüchtlingen kaum noch ausgestellt, für eine »Carte de travail« (Arbeitserlaubnis) müsste Georg einen Arbeitsvertrag vorlegen – »Berufsrevolutionär« reicht dafür nicht.

Die Frage der Papiere wird für die meisten Emigranten zu einer des Überlebens. Viele verfangen sich in der lähmenden Bürokratie der Polizeibehörden, resignieren oder verzweifeln. Manche nehmen sich das Leben, und nur wenige ergattern eines der begehrten Ausreisevisa.

Und Melanie? Hat erst einmal Glück.

Im April oder Mai 1939, ganz genau wissen wir es nicht, kommt sie in Paris an. Ihr erster Eindruck, als sie von der Gare du Nord Richtung Pigalle geht: eine Prostituierte in einem mit Fuchspelz besetzten Mantel, die in einer kleinen Seitenstraße in die Knie geht und pinkelt. Hier muss sie richtig sein. Ihre Wiener Freundin Rosi Niescher hatte Melanie zuvor die Gegend beschrieben. Rosi ist schon etwas länger in der Stadt und wartet vor einem Stundenhotel in einer Gasse nahe der Metrostation Barbès – Rochechouart auf sie. Die Prostituierten grüßen freundlich. Die kleine, pausbäckige Rosi kennen sie schon – keine Konkurrenz. Keine direkte zumindest, wobei Rosi und ihr Mann zu den dubiosen Dauergästen gehören, die überall im Viertel auftauchen.

Rosi und Fred Niescher, mit dem sie genau genommen noch gar nicht verheiratet ist, aber der Ordnung halber so tut, als ob, mussten Wien im Frühjahr 1938 verlassen. Ihre Flucht hat in dem kleinen Hotel mit dem arg strapazierten Bett und dem fleckigen Laken ein vorläufiges Ende genommen. Eine Weile kann Melanie in ihrem Zimmer Unterschlupf finden. Und sogar Georg, der bereits in Paris angekommen war, aber quasi auf der Straße gelebt hatte, kann noch bei ihnen unterkriechen. Er kommt spätabends und schleicht wie einer der Freier die Hoteltreppe hinauf. Zeitig in der Früh muss er allerdings wieder hinaus, damit er noch vor der Polizeikontrolle wieder auf der Straße ist.

Für ihn ist Paris zermürbend. Sie haben zwar ein wenig Geld bekommen von Genossen der Parti Ouvrier Internationaliste. Charles hat Georg in Lille sogar extra ein Empfehlungsschreiben an die Parteileitung in Paris mitgegeben. Nur genützt hat es nichts: Keiner hat sich getraut, ihn bei den dauernden Razzien auch nur eine Nacht zu beherbergen. Mit warmen Worten und ein paar Francs für ein Hotelzimmer war er weitergeschickt worden. Doch ohne Papiere hatte es auch kein Zimmer gegeben, und tagsüber blieb ihm nur die Straße.

Bei Melanie sieht es etwas besser aus, wobei auch sie sich nach ihrer Ankunft in der Stadt erst einmal in die lange Warteschlange der Emigranten vor der Polizeipräfektur stellen muss, einer einschüchternd klobigen Neorenaissance-Festung auf der Île de la Cité. Die Gesichter der Wartenden sind angespannt. Sie reden von abgelaufenen Pässen, Dollarkursen und Transitvisa. Zwei Männer erwägen, sich als Freiwillige in der französischen Armee oder der Fremdenlegion zu melden.

Nach drei Stunden steht Melanie mit weichen Knien vor dem Beamten des Emigranten-Büros, aber komischerweise läuft auf einmal alles wie von selbst. Vielleicht liegt es an der Feierabend-Laune des Mannes, vielleicht an seinem Mitleid mit der noch minderjährigen Österreicherin, die kaum Französisch spricht, aber immer betont, sie sei »Ex-Autrichienne«. Womöglich macht es aber einfach nur ihr Name, denn sie heißt ja zu ihrem Glück nicht Müller oder Salomon, was beides zu der Zeit etwa gleich riskant war, sondern Berger, was auf Französisch ebenso wenig Verdacht erregt wie ihr Vorname – jedenfalls fragt der Beamte fast fürsorglich, ob sie französische Vorfahren habe. Melanie versteht nicht sofort, was der Mann mit den Ärmelschonern sagt, weshalb ein Übersetzer einspringt. Sie nickt einfach nur artig und verlässt kurz darauf das Gebäude »en règle«, mit einer Aufenthaltserlaubnis. Nicht einmal ihre Geburtsurkunde hat sie vorlegen müssen.

Vorfahren aus Frankreich? Hat ihr Vater zwar nie erwähnt, aber vielleicht ist ja was dran! »Des ancêtres« – das Wort merkt sie sich.

Sie überquert schmunzelnd die Seine und macht auf der Brücke noch einmal kehrt, weil sie erst jetzt richtig in der Stadt ankommt und die Augen aufmacht und merkt, dass sie Notre-Dame fast links liegen gelassen hätte. Sie schlendert weiter, taucht irgendwo ihre Füße in die Seine und steht etwas später lange vor dem Louvre, weil sie kein Geld für den Eintritt hat.

»En règle« in Paris – das ist mal ein Treffer inmitten dieser ganzen Nieten, die sie bisher gezogen hat.

Bald gelingt es Melanie, ganz regulär ein kleines Zimmer zu mieten, in dem auch Georg unterkommt. Ihre Angst verflüchtigt sich. Sie schleicht nicht mehr geduckt durchs Leben, wie in Belgien. Sie schaut sich jetzt auch nicht mehr jede Minute nach Polizisten um, sondern nach Sehenswürdigkeiten. Wie eine Touristin treibt sie durch die Stadt – eigentlich zum ersten Mal, seit ihre Flucht ein Jahr zuvor begann. Manchmal ist sie mit Georg unterwegs, aber nicht immer. Sie schlendert durch das Künstler- und Literatenviertel Saint-Germain-des-Prés, wo sich die deutschsprachige Exilszene trifft – Menschen wie der Satiriker Walter Mehring, der die Nazis so vorführte, dass Goebbels ihn am liebsten persönlich gehängt hätte. Es ist das intellektuelle Inventar aus Berlin und Wien, das hier auf der Flucht gestrandet ist und sich immer unwohler und unsicherer fühlt. Das im Café Le Tournon sitzt, wie Walter Mehring und Hertha Pauli, die dem begnadeten Erzähler Joseph Roth dabei zusehen müssen, wie er sich mit Cognac und Pernod zu Tode trinkt.

Melanie steht auch vor der mächtigen Fassade des Hotels Lutetia, die mit kleinen, dicken Putten zwischen übervoll mit Trauben behangenen Weinreben verziert ist. Das Hotel, in dem Heinrich Mann, Stefan Zweig und Walter Ulbricht zu Gast waren und bald die deutsche Abwehr und die SS Quartier beziehen werden.

Einige der Namen hat Melanie gehört, sie zirkulieren auch in ihrem Kreis. Doch diese Bohème der Emigration ist eine andere Generation, eine andere Liga. Sie kann sich doch kaum einen Kaffee leisten.

Falls sie gerade ein wenig Geld übrig haben, gehen Melanie und Rosi ins Kino. Sie gruseln sich vor Jean Gabin, der als gewalttätiger, alkoholisierter Lokführer in *La Bête Humaine* seinen dunklen Gedanken nachhängt. Wobei das Dunkle schwer in Mode zu kommen scheint. Auch in Melanies Lieblingsfilm *Hôtel du Nord* geht fast alles den Bach hinunter, allerdings mit gewissem Stil, was dem ernsten Hauptdarsteller Louis Jouvet zu verdanken ist, für den sie schwärmt. Zu sehen sind junge, vom Leben mitgenommene Menschen, nur noch von ihren enttäuschten Illusionen und Hoffnungen zusammengehalten. Es sind Menschen, für die das Wohnhotel zur Lebensform wird; Menschen, die wie Emigranten leben. Die wie sie durch dieses Frankreich taumeln, das seinerseits von einer vorkriegsbedingten Lähmung befallen zu sein scheint.

Steht Melanie aus dem Kinosessel auf, wischt sie manchmal eine Träne und dann schnell die Hoffnungslosigkeit weg. Draußen ist Frühsommer. Das Wetter ist herrlich, schon in der zweiten Maihälfte erreichen die Temperaturen fast 25 Grad. Sie müssen nicht verhungern. In den riesigen gläsernen Markthallen und bei den fliegenden Händlern rundherum bekommt Melanie gegen ein Lächeln fast immer etwas Gemüse oder Obst vom Vortag. Am Ufer der Seine ist sie bald jeden Nachmittag, so schlecht läuft es doch gar nicht.

Sonntags wandert Melanie durch den Louvre, dann ist freier Eintritt.

Sie mag die Skulpturen und bleibt jetzt, Anfang Juli, immer vor Canovas »Amor und Psyche« hängen, diesem mythischen Paar aus Marmor in dieser unglaublich schönen und leicht verdrehten Haltung, sie die Hände in seinen Haaren, eine Zehntelsekunde vor dem Kuss.

Melanie hat sich ein bisschen eingelesen in die Beziehung der beiden, die immer nur nachts existiert, wenn er sie auf dem Schloss besucht, sie ihn aber nicht erkennen kann. Beide Familien sabotieren das Verhältnis. Psyche wird eingeredet, Amor sei eine hässliche Schlange, doch sie fühlt, dass das nicht stimmt – und ist zudem schon schwanger. Als sie ihn schließlich bei Licht erblickt und nicht, wie von ihren Schwestern befohlen, umbringt, bekommt sie bald darauf eine wunderschöne Tochter.

Melanie denkt an das sehr kleine Baby in ihrem Bauch. Aber das ist geheim, nicht mal Rosi hat sie davon erzählt. Es ist ein Baby, das nie geboren werden wird. Es ist keine Zeit für Kinder, die vielleicht in einem Lager zur Welt kommen und dort enden. Es ist eine Zeit für Widerstand, wie auch immer der aussehen mag. So jedenfalls redet sie es sich ein, denn mit Georg redet sie nicht viel darüber.

Er besorgt nur den Arzt, der noch nicht einmal ein richtiger Arzt ist, sondern noch in Ausbildung. Dieser junge Mann erscheint eines Tages mit seinem Besteck und ohne Betäubungsmittel in dem kargen Dienstbotenzimmer, das Melanie und Georg bewohnen. Es liegt im vierten Stock eines Hauses der Rue de la Villette in der Nähe der Metrostation Botzaris. Der Mann setzt sein Besteck an, wird anschließend von Georg bezahlt und verabschiedet sich höflich.

Ihr Bauch schmerzt noch, als sie sich an einem warmen Morgen an der Gare de Lyon an die Ausfallstraße Richtung Süden stellen, um nach Marseille zu kommen. Sie fahren per Autostopp und schlafen nachts im Gras. Georg bemüht sich um sie, aber auch um sich, denn in Paris hat er sich völlig isoliert und von den vermeintlichen Genossen wie ein Aussätziger behandelt gefühlt. Noch in Lille hatte er von Charles den Kontakt zu Jean Reboul bekommen, einem Genossen in Marseille, der dort mit seiner Freundin Marguerite Usclat wohnt und die beiden zu sich eingeladen hat. Die Reise ist heikel, denn Melanies Carte de séjour gilt nur für Paris, und Georg besitzt gar keine, aber nun riskieren sie einen Urlaub in der Illegalität.

Melanie und Georg haut es fast um, als sie von Aix-en-Provence kommend über Häuser hinweg plötzlich zum ersten Mal in ihrem Leben das Meer sehen, das so stark in der Sonne glitzert, dass Melanie Tränen in die Augen schießen. Marseille! Hier also, in diesem zweitausend Jahre alten Auffangbecken für Händler, Glücksritter und Lümmel aller Art, ist Europa zu Ende. Und hier könnte man diesem Europa im Zweifel am besten entwischen, denkt Melanie kurz.

Mit Jean und Marguerite spazieren sie die Prachtstraße Canebière hinunter zum Alten Hafen. Marguerite sieht aus wie die junge Pariser Chansonheldin Edith Piaf, findet Melanie: derselbe große Blick, eine leichte Lidschwäche, angeborene Dramatik. Sie schlendern durch die schmalen Gassen des mittelalterlichen Korbmacherviertels Panier, das Melanie ein bisschen zu schmutzig ist. Um hinauf zur Kirche Notre-Dame de la Garde zu kommen, die auf der anderen Hafenseite über der Stadt Wache hält, nehmen sie eine schräg in den Berg gebaute Standseilbahn. Sie wandern zu den Calanques südlich der Stadt, einstmals ausgetrocknete Flusstäler, die sich wie schmale Fjorde durch die Kalksteinküste winden, und baden an einer einsamen Stelle nackt im türkisen Bilderbuch-Meer. Nur wenige Kilometer von der Badestelle entfernt werden sich Melanie und Marguerite dreieinhalb Jahre später wiedertreffen, unter ganz anderen Vorzeichen.

Georg und Melanie sind in diesem Juli 1939 so überwältigt von der Stadt, dass sie gar nicht wegwollen. Aber bleiben, worauf Georg gehofft hatte, können sie nicht. An einem Abend erklärt ihnen Jean, wie riskant die Lage sei, und während er von der Polizei und Durchsuchungen redet, legt Marguerite ihren Arm um Melanie, die ganz traurig geworden ist. Als Mitglied der Parti Ouvrier Internationaliste sei er im Fokus einiger übereifriger Beamter, die nur darauf warten würden, zuzuschlagen, sagt Jean. Und nicht nur die: Auch die Kommunisten würden sie als Trotzkisten als Feinde ansehen. Jean rät Georg dazu, es in Nizza zu versuchen, ein Tipp, der auch schon in Paris unter Emigranten zirkuliert: Die dortige Préfecture gibt angeblich leichter Aufenthaltsbewilligungen aus als die in anderen Provinzen.

Erst einmal kehren sie zurück nach Paris. Dort haben sie die Wohnung, Melanie hat Papiere – es scheint sicherer, als zu zweit durch den Süden Frankreichs zu irren.

Aber es dauert nicht lange, bis sie wieder an der Gare de Lyon stehen. Diesmal allerdings werden sie nicht gemeinsam fahren. Georg nimmt Melanie in den Arm, die das schrecklich findet, weil sie diese Trennung weder möchte noch versteht. Kaum haben sie sich richtig gefunden, verlieren sie einander schon wieder, ausgerechnet hier.

Georg jedoch will in Nizza die Lage sondieren, in spätestens 14 Tagen würden sie sich wiedersehen. Melanie ist sauer. Und winkt. Aus den zwei Wochen wird fast ein Jahr.

Und außerdem kann sie schon riechen, wie der Krieg angerichtet wird.

Mitte August 1939 berichtet der *Figaro* über die neuen »Manöver« der deutschen Presse, die einen »Sturm der Entrüstung« gegen Polen lostreten sollen. Es sind die Wochen, in denen auf die Leser im Reich täglich Berichte über angebliche Grenzverletzungen der Polen einprasseln oder darüber, wie die deutsche Minderheit dort drangsaliert wird. Das Strickmuster der inszenierten Notwehr ist dasselbe wie jenes vor dem Einmarsch in die Tschechoslowakei, wobei der Angriff auf Polen längst beschlossen ist: Am 22. August teilt Hitler den Plan auch seinen Offizieren mit, bei einer widerspruchslosen Besprechung auf dem Obersalzberg. Polen ist demnach selbst schuld: Noch im Frühjahr hat es die polnische Regierung abgelehnt, als Juniorpartner in eine antisowjetische Koalition einzutreten und Aufmarschplatz für Hitlers Krieg gegen die Sowjetunion zu werden. Nach der Absage hat Hitler umdisponiert und sich Polen zuerst vorgenommen.

Für die nötige Ruhe im Osten sorgt ein Besuch des deutschen Außenministers Ribbentrop in Moskau. Am 23. August wird er am Flughafen mit Hakenkreuzfahnen begrüßt, die Kapelle der Roten Armee spielt das Horst-Wessel-Lied. Einige Stunden später unterschreibt er mit seinem Amtskollegen Molotow einen Nichtangriffspakt, der Stalin nebenbei noch den Zugriff auf halb Osteuropa zugesteht.

Melanie schläft schlecht in diesen späten Augusttagen. Sie muss sich ordnen, versucht, die Welt zu verstehen: Die Regenten Russlands, für Hitler der »Abschaum der Menschheit« und für viele andere bis dahin zumindest noch ein Bollwerk gegen die Faschisten, reichen diesen nun die Hand? Und werden dafür von den Kommunisten Europas auch noch mit grotesk verrenkten Argumenten gefeiert? Hitler ist nach der neuen Lesart kein faschistischer Aggressor mehr, sondern ein von seinem Volk geliebter »Prachtkerl«, so Stalin. Die Kriegsherren sitzen nun stattdessen in Paris und London. Das kommunistische Blatt *Ce Soir* lobt den Hitler-Stalin-Pakt als Garantie für den Frieden. Noch im Juni 1940, nach dem Einmarsch der Wehrmacht in Paris, wird die Parteizeitung *L' Humanité* kommentieren: »In diesen Zeiten ist es ermutigend zu sehen, wie Arbeiter sich freundschaftlich mit deutschen Soldaten unterhalten, sei es auf der Straße oder im Bistro an der Ecke. Bravo, Genossen, weiter so!«

Der Pakt war nicht die erste krasse Kehrtwende der Kommunisten.

Melanie fällt eine ähnlich opportunistische Volte ein, die Stalin seinem Gefolge zugemutet hat. Es war die Parole vom »Sozialismus in einem Land«, womit natürlich die Sowjetunion gemeint war. Anders als die Trotzkisten, die das Ziel einer weltweiten Revolution im Auge hatten und jeden proletarischen Funken zum Brennen bringen wollten – und sei es nur ein Streikaufruf in einem Renault-Werk (so ähnlich hat Melanie es sich zumindest gemerkt), hatte Stalin seine internationale Anhängerschaft zurückgepfiffen. Er wollte erst einmal in Ruhe bei sich zu Hause aufräumen. Die Genossen der anderen Länder hatten stillzuhalten. Sie sollten sogar mit bürgerlichen Kräften kooperieren, wichtig war bloß: Revolution sollte es nur in der Sowjetunion geben.

Stalins Hinwendung zu Hitler treibt die Emigranten in die Enge: Wer soll wissen, ob sie nicht heimlich diesem dubiosen Duo anhängen? Warum verschwindet Maurice Thorez, Vorsitzender der französischen Kommunisten, im Spätsommer 1939 plötzlich nach Moskau, nachdem er sich vorher noch freiwillig zum Kampf gegen Hitler gemeldet hat? Wieso schaut mir die Concierge neuerdings so skeptisch nach?, denkt Melanie.

Ihr alter Begleiter meldet sich wieder, die Angst. Wie soll sie mit ihrem Französisch erklären, dass sie zwar irgendwie Kommunistin ist, aber in jedem Fall gegen Stalin, und gegen Hitler sowieso?

Am Montagmorgen, dem 4. September, wird sie auf dem Weg zum Bäcker von zwei älteren Herren im Café gegrüßt und von zwei lachenden Mädchen auf ihren Rädern überholt, deren Röcke im Fahrtwind flattern.

Es ist ein warmer Morgen. Im Krieg. Seit drei Tagen rollen deutsche Panzer nach Polen. Auf den Titelseiten der Zeitungen prangen die englische und die französische Kriegserklärung an Deutschland. Die Schulen sind geschlossen. Sie werden erst am 16. Oktober wieder öffnen, auf vielen Schultischen werden dann Gasmasken liegen für den Probealarm. An zentralen Stellen wie der Place des Invalides sind Flugabwehrkanonen in Stellung gebracht.

Vor dem Louvre steht ein Lastwagenkonvoi, um die Kunstwerke zu evakuieren und sie in abgelegenen Schlössern und Museen im Südwesten des Landes zu verstecken. Im Radio erinnert Daladier mit Pathos in der Stimme daran, dass Frankreich »der Boden der Freiheit« sei, »wo der Respekt vor der Würde des Menschen eine der letzten Zufluchtsstätten findet«.

Wo diese Stätten für Emigranten liegen, kann Melanie an den druckfrischen Bekanntmachungen lesen, mit denen die Häuserwände plakatiert sind – nicht nur in ihrem Viertel um die Metrostation Botzaris, sondern in der ganzen Stadt. Demnach haben sich »feindliche Ausländer zwischen 17 und 48 Jahren« mit einer Wolldecke, Waschsachen und einer Essensration für zwei Tage im Stadion Colombes, der Radsportarena Vélodrome d'Hiver oder dem Tenniszentrum Roland Garros einzufinden.

Feindlich, das ist man als Reichsbürger jetzt automatisch.

Die Aktion scheint gut vorbereitet: Es dauert nur eine Woche, bis die aufgerufene Altersgruppe fast vollständig erfasst ist und 15 000 Männer in sechzig verschiedenen französischen Lagern inhaftiert sind.

Die Frauen bleiben vorerst verschont, dafür bekommt Melanie kurz darauf an ihre Adresse Post von der Préfecture. In dem kleinen

Dachzimmer liest sie, sie werde nach Clermont-Ferrand evakuiert und habe sich dort innerhalb von fünf Tagen zu melden.

Was wird sie dort erwarten, ein Frauen-Sammellager? Zählt sie jetzt zu jenen Spionen, von denen sich halb Frankreich infiltriert sah? Sitzt sie im Land der Freiheit bereits in der Falle? Es hat jedenfalls schon einmal besser ausgesehen: Zu Georg, dem sie an seine c/o-Adresse in Nizza bis dato fast jeden Tag geschrieben hat, wie sehr sie ihn vermisst, ist der Kontakt abgerissen. Statt von Pässen war in seinem letzten Brief von Polizeirazzien die Rede gewesen. Ansonsten gibt es kaum jemanden, der sich noch um sie schert. Geblieben ist eine Leere, ihre Freundin Rosi und ihre gemeinsame Sorge um die beiden Männer. Rosi ist noch nicht zwangsverschickt, sie will versuchen, vorerst in Paris zu bleiben. Am Abend vor Melanies Abfahrt sagt sie ihr, dass sie gleich weinen muss, weil sie Melanie am nächsten Tag nicht einmal zum Bahnhof begleiten kann. Alles zu riskant.

9

RICHTUNG SÜDEN

Mit ihrem gelben Rucksack und bleischwerem Schritt betritt Melanie also ein paar Tage später die riesige stählerne Bahnhofshalle der Gare d'Austerlitz. Am Gleis des Kopfbahnhofs stehen zwei Polizisten, die sie vorsichtig zu umkurven versucht. Nur nicht umdrehen, denkt sie und geht weiter, als ein »Vos papiers!« sie von hinten trifft. Der eine Uniformierte mustert sie von Kopf bis Fuß und fragt sie, wohin sie fährt. Melanie reicht ihm das Papier von der Préfecture, das er studiert wie ein kompliziertes Dossier. Nach einer ewig langen Weile reicht er es ihr zurück. »Fahren Sie!«, sagt er, und dreht ihr den Rücken zu.

Kurz darauf verlässt der Zug Paris, die Stadt, die sie eigentlich gernhaben wollte. Erwidert wurde ihre Zuneigung nicht. Wien, Brüssel, Paris – schon wieder ist sie vor die Tür gesetzt. Der Zug rattert gen Süden. Vor der Kathedrale von Orléans überquert er die Loire, dann ziehen Städte an Melanie vorbei, deren Namen sie noch nie gehört hat, Vierzon und Montluçon. Hinter Montluçon geht es auf Viadukten über Täler des nördlichen Massif Central bis Clermont-Ferrand.

Die Prozedur auf der Préfecture ist erschöpfend, aber erfolgreich: Das Permis de séjour erlaubt Melanie, sich in der Stadt frei zu bewegen, was ihr Kontaktmann »Lucien« allerdings sofort unterbindet. Mehr als diesen Vornamen und seine Adresse, die Georg ihr vermittelt hat, weiß Melanie nicht. Als sie am Abend an Luciens Tür klopft und ihm sagt, wer sie ist, zieht der sie nur vorsichtig in die Wohnung und sperrt sie dann quasi ein. Der Mann kommt aus dem Dunstkreis der trotzkistischen Vierten Internationale und nimmt entweder die Konspirationsregeln etwas zu genau oder ist völlig verängstigt. Außer um auf die Toilette zu gehen, darf Melanie ihr Zimmer nicht verlassen. Essen bekommt sie nur kurz hineingereicht, und abgesehen von der knappen Einweisung sprechen weder Lucien noch seine eifersüchtige Frau mit ihr. Einzelhaft. Hatte Kommunismus nicht etwas mit Gemeinschaft zu tun? Mit Solidarität? Nach einer Woche teilt sie Lucien bei einer Essensausgabe an ihrer Zimmertür mit, dass sie weggehen will. Sie werde zurechtkommen.

In der Stadt sind zu der Zeit Tausende, die dasselbe versuchen. Sich durchwursteln. In einer Halle der Michelin-Fabrik kampieren Hunderte spanische Flüchtlinge, meist Mütter mit Kindern, die nach dem verlorenen Bürgerkrieg aus Spanien geflohen sind und aus den Übergangslagern an der französischen Mittelmeerküste in die Auvergne geschickt wurden. Das jüdische Flüchtlingskomitee der Stadt kümmert sich um etliche Emigranten aus Deutschland, Polen und dem Norden Frankreichs.

Melanie wird erst einmal wieder Dienstmädchen. Das Komitee vermittelt ihr einen Kontakt zu Leuten, denen sie im Haushalt hilft – und als Unterkunft ein Loch über einem Restaurant ohne Fenster und fließendem Wasser, in dem sie abends im Fettgeruch vor sich hin kümmert. So vergehen einige Wochen, bis eines Morgens zwei Gendarmen vor ihrer Kammer stehen. Sie soll packen und mitkommen, bedeuten ihr die Männer. Jetzt sind auch die Frauen dran, denkt Melanie. Jetzt ist auch sie eine »Ressortisante d'un pays ennemi«, die Angehörige eines feindlichen Staates.

Am Bahnhof steht ein Zug, der sich mit Emigranten füllt, in Melanies Abteil sind fast nur Frauen. Wohin es geht, weiß niemand. Es fällt der Name »Gurs«, das Lager am Fuß der Pyrenäen, oder »Rieucros«, ein Frauenlager in den steilen Hügeln der Auvergne, in dem besonders gefährliche Ausländerinnen interniert werden, darunter auch viele Kommunistinnen. Stark bewacht scheint ihr dieser Zug allerdings nicht zu sein.

Die Bahnbeamten am Gleis bereiten gerade die Abfahrt vor, als auf einmal eine Durchsage ertönt: Es werden dringend Dienstmädchen gesucht. Während viele im Abteil zögern, hetzt Melanie zur Tür, springt auf den Bahnsteig und meldet sich zur Stelle: Bloß nicht in ein Lager, das hat sie sich eingeschärft.

Sie kommt in den Haushalt eines Arztes, der mit seiner Frau aus Straßburg geflohen ist und Melanie in unbemerkten Momenten immer wieder schmierig nahekommt und ihr nahelegt, sexuelle Erfahrungen zu machen, und zwar mit jemandem, der sich in allen Varianten auskenne. Wie er.

Melanie gelingt es, auch diesem Haushalt zu entkommen – und zwar so geschmeidig, dass der Arzt sie nicht bei den Behörden meldet und sie ihre Aufenthaltsbewilligung als Dienstmädchen behalten kann.

Beim Flüchtlingskomitee stößt sie auf eine Frau, die hier Matilde heißen soll, an ihren Namen kann sich Melanie heute nicht mehr erinnern.

Matilde ist eine junge dunkelhaarige Deutsche mit blauen Abenteuer-Augen. Sie erzählt Melanie zunächst einmal von ihren Männern, weil das nicht ganz einfach zu verstehen ist: Ihr erster und wohl eigentlicher Mann ist ein KPD-Funktionär und sitzt seit Längerem in Deutschland in Haft. Ihr ist die Flucht nach Frankreich gelungen, sie hat sich bis in die Auvergne durchgehangelt und in Clermont-Ferrand den Mitarbeiter des Komitees kennengelernt, mit dem sie nun zusammenwohnt und eine wenige Monate alte Tochter hat.

Sie hoffe, Melanie verstehe.

Melanie nickt und erzählt von ihren grenzwertigen Arbeitgebern in der Stadt. Matilde bietet ihr an, bei ihnen zu wohnen, was für Melanie ein Segen ist und ihre Lage deutlich entspannt.

Matilde und ihr Freund sind Linke, aber theoretisches Klimbim liegt ihnen fern. Statt vom Umsturz träumen sie von einer etwas größeren Wohnung und davon, dass der Krieg beendet wird.

Melanie ist froh, nicht den Nutzen der Vierten Internationale erörtern zu müssen, sondern anpacken zu können. In den folgenden Monaten besorgt sie den Haushalt und fährt Matildes Tochter spazieren. Wenn die sich in ihrem Arm vom Schreien beruhigt, denkt Melanie oft, dass sie es vielleicht doch als Mutter geschafft hätte, als junge Mutter im Widerstand, was ja auch eine gute Tarnung gewesen wäre.

Sie hat aber noch eine andere Aufgabe: Sie muss ihre Gruppe zusammenhalten. Georg scheint verhaftet worden zu sein, aber sie hat die Kontakte und Deckadressen der anderen, denen sie jetzt ihre neue Adresse schickt, denn sie ist ja »en règle«. Illegalität funktioniert am besten, wenn sie durch Legalität getarnt ist. In Matildes Postkasten finden sich bald Briefe aus Norwegen, New York, London und Wien. Aus Antwerpen melden sich Karl Fischer und Franz Lederer. Außer dem neuen Genossen Ignaz Duhl, so schreibt ausgerechnet der gefühlsmäßig schwer unterkühlte Lederer, habe er bei einem Bibliotheksbesuch die aus Wien geflohene nette Edith Kramer für ihre Sache gewonnen. Edith ist in Melanies Alter und ähnlich büchervernarrt wie Franz. Dass er sich in sie verliebt hat, schreibt er natürlich nicht – auch nicht mit der Geheimtinte, mit der sie sich sensible Namen und Nachrichten unsichtbar für andere zukommen lassen können.

Das dafür nötige Utensil hatte Georg in Prag von dem Chemiestudenten Ernst Erdös bekommen, der später in die Schweiz emigrieren konnte: ein kleiner rosa Kristall, halb so groß wie der Nagel eines kleinen Fingers. Bei Bedarf wird die Spitze des Kristalls in ein paar Tropfen Wasser gebadet, und aus dem Kristallsediment wird die Geheimtinte. Ein darin eingetunkter Holzsplitter reicht, um unsichtbar zu schreiben. Zum Dechiffrieren muss der Adressat die sichtbare Bleistiftschrift vorsichtig wegradieren und per Schraffur oder mittels Erwärmung die Geheimschrift sichtbar machen. Auch Melanie hat einen dieser rosa Kristalle, und so wird die kleine Wohnung von Matilde unweit der Kathedrale zur Schaltzentrale der Revolutionären

Kommunisten. Nicht die Berufsrevolutionäre, sondern Melanie Berger, 18 Jahre alt, offiziell Hausangestellte, wird zu ihrem Anker.

Im Januar 1940 erfährt sie aus Antwerpen, dass Georg im Camp des Milles interniert ist, einer stillgelegten Ziegelfabrik bei Aix-en-Provence, wohin sie ihm sofort schreibt. Etwa 2000 Emigranten vegetieren dort mit ihm im roten Staub, auch deutsche Künstler, die eben noch zur intellektuellen Elite des Landes zählten. Nun stehen sie in langen Schlangen vor zwei verkoteten Latrinenräumen und müssen Ziegel stapeln und wieder abtragen. Der unbeholfene Lion Feuchtwanger hat einige Gefangene als Kammerdiener angestellt, die ständig für ihn unterwegs sind, um ihm das Leben zu erleichtern. Abends trifft man sich in den knapp mannshohen ehemaligen Brennöfen. In einer der Katakomben zeichnen Max Ernst und Hans Bellmer gegen ihre Furcht an. Walter Benjamin brütet ständig über seinen Notizen, und Walter Hasenclevers Angst vor den näher kommenden Nazis wird so stark, dass er sich im Lager mit einer Überdosis Veronal das Leben nehmen wird.

Das alles schreibt Georg Melanie natürlich nicht. Seine und ihre Briefe hängen tagelang in der Zensurstelle. Aber dass ihr Wiener Nachbar Peter Strasser mit ihm im Lager ist, erfährt sie – und auch Gustav Gronich.

Der war nach seiner Verhaftung in Wien nach Deutschland deportiert, jedoch zum Führergeburtstag im April 1939 aus dem KZ Buchenwald entlassen worden. Er entkam über Italien nach Frankreich, wo er völlig entkräftet zuerst in Nizza interniert und dann nach Les Milles gebracht wurde. Dort wurde er wegen seiner Furunkel, einer typischen Lagerkrankheit, gleich auf die Krankenstation verlegt.

Melanie lässt die Neuigkeiten zwischen Südfrankreich, Antwerpen und Wien zirkulieren. Nicht so düster, wie sie bei ihr ankommen, sie hellt sie auf. Der Aufbau von Menschen ist jetzt ihre Aufgabe.

Sie muss die versprengte kleine Gruppe zusammenhalten, die jungen Männer, die untergetaucht sind oder in Lagern festsitzen und ihren Mut verlieren. Sie sammelt Lebenszeichen und verteilt Zuversicht.

Georg und Gustav machen sich in der staubigen Einöde von Les Milles bald wieder ans Werk: Sie verschanzen sich in einem der Brennöfen, fabrizieren Informationsblätter und laden zum sozialistischen Salon. Das Echo ist überschaubar, der Bedarf an Politik scheint bei den meisten gedeckt. Weit mehr Andrang findet das benachbarte, von Musikern ins Leben gerufene Kabarett »Katakombe«, bei dessen Abendvorstellungen die gefeierten Künstler ihre Zuschauer von den Sitzen aus roten Backsteinen reißen.

Am 1. Mai steht Georg plötzlich vor Melanie am Bahnhof von Clermont-Ferrand. Sie hat ihn erst gar nicht erkannt: Er trägt eine blaue Uniform aus dem Ersten Weltkrieg, er sieht elend aus, aber er lächelt. Um dem Lageralltag zu entkommen, hat er sich mit Gustav zu einer Prestataire-Einheit gemeldet, einer Gefangenen-Hilfseinheit unter Bewachung der Armee. Sie heben Verteidigungsgräben aus und sammeln Alteisen für die Rüstungsindustrie. Die ausgezehrten Gestalten sollen dabei helfen, das kriegsmüde Frankreich nicht schon einknicken zu lassen, bevor der echte Kampf gegen das Deutsche Reich beginnt.

Acht Monate befindet sich Frankreich inzwischen im Krieg, führt aber keinen – von der Propagandaschlacht und kleinen Grenzscharmützeln einmal abgesehen.

In dieser Witzkriegslage hat Georg 48 Stunden lang Ausgang bekommen, über die er Melanie noch kurz zuvor per Brief informieren konnte. Vom Bahnhof führt sie ihn in ein kleines Hotelzimmer, das sie für einen Tag gemietet hat. Sie hat Butter, Brot, Obst und Käse besorgt und ein kleines buntes Leinentuch als Tischdecke. Nur eine Nachttischlampe funktioniert. Nach dem Essen lächelt sie ihn an, stellt sich vor den kleinen Spiegel und knöpft langsam ihre Bluse auf. Er stellt sich hinter sie, küsst ihren Nacken und übernimmt das mit den Knöpfen, bis er ihre Brüste streicheln kann. Sie versuchen kurz, sich im Stehen zu lieben, doch Georg ist zu müde für Experimente. Etwas später liegen sie aneinandergeschmiegt und erzählen sich von den letzten acht Monaten, und als Melanie gerade bei der kleinen Tochter von Matilde angekommen ist, die sie so gern hat, ist Georg schon eingeschlafen.

Am nächsten Morgen hämmern zwei Polizisten an die Tür des Hotelzimmers, Ausweiskontrolle. Georg, der feindliche Ausländer, fischt aus seiner Uniformjacke den »Sauf-conduit«, seine Reiseerlaubnis. Die laufe am Abend ab, mahnen die Polizisten, er müsse bis dahin wieder bei seiner Einheit sein. Melanie führt ihn noch durch die Stadt, stellt ihm Matilde vor, und dann ist Georg schon im Zug und so plötzlich weg, wie er gekommen ist.

Zehn Tage später wird aus dem Witzkrieg Ernst. Die deutsche Wehrmacht fällt in die Niederlande und Belgien ein. Ihre Panzer rollen über die Neutralität der beiden Königreiche hinweg und stoßen nach Frankreich vor. Den mit Pervitin-Tabletten aufgeputschten Soldaten seiner »Schönwetterarmee« (Hitler) gelingt es mit einigem Glück, die vermeintlich in Beton gegossene, aber tatsächlich butterweiche französische Maginot-Linie zu durchbrechen – oder vielmehr zu umfahren – und die Franzosen damit in Schockstarre zu versetzen.

Seit Herbst 1939 war im Generalstab über dem als eigentlich zu riskant geltenden »Sichelschnitt« gebrütet worden, der nordwestlichen Umgehung der französischen Verteidigungslinie durch das Dickicht der Ardennen. Melanie steht an den Zeitungsständen und liest, wie die französische Regierung den Zusammenbruch in verschraubter Kriegsrhetorik kaschiert. Die Situation sei »beruhigend«, versichert der französische Verteidigungsminister am 17. Mai, als die Deutschen bereits die labile Front in den Ardennen durchbrochen haben und die Kriegspanik Millionen Menschen aus Belgien und Nordfrankreich auf die Straßen nach Süden treibt.

Melanie ist gar nicht beruhigt. Sie muss dauernd daran denken, wie übel ihr bei Hitlers Einmarsch in Wien wurde, gerade einmal zwei Jahre ist das her. Ist auch Frankreich für die deutsche Wehrmacht im Handstreich zu bekommen? Wohin denn dann?

In Paris findet Rosi Niescher kaum noch Schlaf. Rauchwolken hängen über der Stadt, Seine-Brücken und das Citroën-Werk sind von Bomben getroffen. Sie verlässt die Stadt wohl Anfang Juni, und aus ihrem sonst rosigen Gesicht ist jede Farbe gewichen, als sie im Flüchtlingskomitee in Clermont-Ferrand ihrer alten Freundin aus Wien in die Arme sackt. Mit dem Ärmel ihrer lasch herunterhängenden Jacke wischt sich Rosi die Tränen weg und erzählt Melanie, wie sie sich in Paris durchgeschlagen hat, immer in Sorge um ihren Mann, der im Sportstadion von Montrouge bei Paris festsitzt, einem der Sammellager. Sie ist kaputt, ihre Füße sind geschwollen, schon bis Orléans musste die nicht unbedingt sportliche, knapp 1,50 Meter große Rosi Teile des Wegs zu Fuß gehen. Autos und Busse fuhren nicht, Benzin gab es kaum noch. Die Züge waren überfüllt von überzähligen Ausländern, für die kein Platz mehr war. Oft standen sie stundenlang auf dem Gleis. Auf der Straße reihte sie sich ein in den Treck nach Süden, zwischen Männern mit Gemüsekarren, Frauen mit überladenen Kinderwagen und mit Betten bestückten Traktoren. Die Nächte verbrachte sie auf Hotelfluren.

In Clermont-Ferrand kümmert sich Melanie zuerst um anständige Kleidung für ihre Freundin. Rosi kann erst einmal bei ihr unterkriechen und kommt wieder zu sich.

Die Cafés der Stadt füllen sich in diesen Junitagen mit Emigranten und Gerüchten. Werden im Café Ballain tatsächlich Überseevisa für 500 Francs angeboten? Braucht man die überhaupt? Die Marne, den Schicksalsfluss im Norden, wird Hitler kaum überschreiten, heißt es. Paris sei uneinnehmbar, versichert man sich. Rosi macht Melanie Mut: Über die Loire wird Hitler nicht hinauskommen.

Vor der Donau ist er doch auch nicht stehen geblieben, sagt Melanie. Beide müssen lachen. Das können sie noch immer, bis sie wenige Tage später, am 15. Juni, Bilder von trommelnden deutschen

Soldaten auf den Champs Élysées sehen. Von den Titelseiten der Zeitungen blicken die sie an, mit unaufhaltsamem Blick: Spielmannszüge der Wehrmacht, die am Morgen zuvor in die französische Hauptstadt eingezogen sind.

So unaufhörlich wie die konzentrischen Kreise eines ins Wasser geworfenen Steins schwemmen die Deutschen heran, und Melanie bekommt trotz der Juniwärme kalte Hände.

Schwindelerregend schnell fällt jetzt alles zusammen: Während die französische Armee beginnt, sich aufzulösen, überschreiten deutsche Truppen die Loire. Vorn dabei ist die Leibstandarte SS Adolf Hitler, deren Männer am 22. Juni mit gezogenen Pistolen und Wochenschau-Begleitung in Clermont-Ferrand einziehen und verdächtige Wohnungen sprengen.

Zuvor, am 18. Juni, beginnen Melanie und Rosi wie ferngesteuert das zu tun, was alle Emigranten machen: Sie packen. Und machen sich wieder auf. Am nächsten Morgen verabschieden sie sich von Matilde, ihrer Tochter und ihrem Mann, die hoffen, als französische Kleinfamilie durchzukommen.

Der Bahnhof ist überfüllt von fliehenden Soldaten, fliehenden Franzosen und der Diaspora des Exils, den fliehenden Habenichtsen. Gendarmen versuchen mit Kontrollen Ordnung ins Chaos zu bringen. Melanie und Rosi rennen herum, um irgendeinen Zug zu bekommen, bis sie ein Polizist in Zivil aufhält. Ihr Deutsch kommt ihm verdächtig vor. Das sei völlig normal, wenn man aus Wien kommt, sagt Melanie und blickt ihm so hart in die Augen wie sie kann. Sie seien »anti-hitlérien«, sagt Rosi, und keine Spione. Der Mann scheint seine Zweifel zu haben. Er durchsucht ihre Rucksäcke, die mit Schmutzwäsche gefüllt sind, nimmt sich viel Zeit – und lässt sie schließlich laufen. Der letzte Zug, der noch am Gleis steht, ist voller Soldaten. Rosi drückt die zögernde Melanie hinein. Sie drängen sich in ein Abteil, wo Rosi zielstrebig auf einen älteren Capitaine zugeht, der ihnen einen Platz in seiner Nähe organisiert.

Die nächsten Tage wird er sie auch mit Essen versorgen, denn ihr Zug fährt nicht nach Plan. Drei Tage irrlichtern sie durch die Hügelketten des Massif Central im Süden Frankreichs. Stundenlang steht der Zug auf freier Strecke oder in Bahnhöfen, in denen wegen der Verdunkelung kaum ein Licht brennt. Sie schlafen aneinandergedrückt im Sitzen. Waschen kann Melanie weder sich noch ihre Kleider, sie kriegt fast zu viel.

Am vierten Tag müht sich der Zug durch die letzten Ausläufer des Larzac, dann wird der Blick weiter. Winzerdörfer des Hérault ziehen an ihnen vorbei, und schließlich stehen sie auf einem Bahnhof in der Nähe von Montpellier. Melanie döst in der Hitze vor sich hin, als sie bemerkt, wie ihr aus dem Zug auf dem Gleis gegenüber ein Mann zuwinkt. Hinter den Scheiben erkennt sie Peter Strasser, ihren Nachbarn aus Wien. Mit dem sie zusammen gesungen und Hausaufgaben gemacht hat. Ist das die Hitze? Halluziniert sie? Nein, es ist wirklich Peter, immer noch mit blondem Seitenscheitel. Aussteigen darf sie nicht, aber Peter schreibt ihr jetzt langsam einen Namen an die verdreckte Fensterscheibe: Montauban.

Ihr fällt ein, dass Georg die Stadt einmal erwähnt hat, als Zufluchtsort, doch wo sie genau liegt, weiß sie nicht. Peter formt seinen Mund und will noch etwas durch die Scheibe sagen, aber Melanie versteht ihn nicht. Versteht nicht, dass in dem Zug auch Georg und Gustav sind. Peter versucht es noch einmal, aber dann ruckt sein Zug an, und hinter den Abteilscheiben und aus den angekoppelten Viehwaggons blicken Melanie müde und ausgezehrte Männergesichter entgegen, die gen Westen verschwinden.

Es ist der Zug aus Les Milles. 2000 Häftlinge drängen sich in diesem Phantomzug, von dem niemand genau weiß, wohin er fährt. Es sind deutsche und österreichische Antifaschisten, Deserteure, ehemalige Legionäre und Juden, die unter dem Schutz der französischen Behörden durch ein geschlagenes Land fahren und auf eine letzte Chance hoffen. Auf ein Schiff, eine Grenzpassage nach Spanien, ein

Wiedersehen mit einer Frau. Auf irgendetwas, bloß nicht wieder ein Lager.

Melanie erfährt das erst später. Rosi und sie fahren in die andere Richtung. Nach und nach haben sie nun das ganze Land durchquert, das Land ihrer Sehnsucht, das zur Mausefalle geworden ist. Jetzt sind sie auf der anderen Seite angekommen, weiter nach Süden geht es kaum noch.

In Montpellier verlassen sie den Zug. Als Erstes erkundigen sie sich nach einem öffentlichen Bad und steigen dort in einem Séparée zusammen in eine Badewanne, wo sie sich mitsamt ihrer Kleidung waschen.

Inzwischen ist der Waffenstillstand unterzeichnet. Hitler bestellt dazu nicht nur die Presse nach Compiègne, sondern auch genau jenen schmachbeladenen Salonwagen, in dem der französische Marschall Foch den Deutschen im November 1918 die Bedingungen der Kapitulation diktiert hatte. Den Süden ihres Landes überlässt Hitler den Franzosen. Philippe Pétain, der dieses Restgebilde vom Kurort Vichy aus regiert, hat sich allerdings an Regeln zu halten. Eine ist bereits im Waffenstillstandsabkommen festgehalten: Die Gegner der Deutschen, so steht es da, sind von Vichy »auf Verlangen« auszuliefern.

»Blitzkrieg« ist die plakative Formel, die den Schock der vorangegangenen Wochen erklären soll. Von Siegern wie Verlierern wird sie gleichermaßen genutzt. Der Mythos hilft beiden Seiten, denn demnach wurde Frankreich mit revolutionärer Technik überrumpelt, wobei gern vergessen wurde, dass die Deutschen nicht nur mit schicken Panzern, sondern teils mit Pferdekutschen anrollten. Auf der anderen Seite feiern selbst jene Deutschen, die zunächst kriegsskeptisch waren, Hitler nun als »Größten Feldherren aller Zeiten«. Für die letzten Gegner wird es eng in Europa: Hitler gehorchen inzwischen Amsterdam, Brüssel, Budapest, Bukarest, Kopenhagen, Oslo, Sofia und Paris – und Italien, Japan und die Sowjetunion sind seine Verbündeten.

Rosi besorgt ein kleines Zimmer in einem Hotel. Sie will erst einmal hierbleiben, sie müssen sich vorsehen. Rosi wird noch einmal umkehren, ihren Mann in Clermont-Ferrand wiedertreffen und sich mit ihm in Südfrankreich verstecken. Sie werden in fensterlosen Zimmern schlafen und in Hütten frieren, die ihnen Weinbauern zur Verfügung stellen. Sie werden jahrelang von Unterschlupf zu Unterschlupf irren. Und nach dem Krieg wird es über zwanzig Jahre dauern, bis die skeptischen Beamten der Wiener Landesregierung den Schilderungen und Belegen der Nieschers glauben und ihnen eine karge Opferrente genehmigen.

Melanie aber zieht es weiter nach Montauban, in Richtung Georg. Den jedenfalls vermutet sie dort.

Im Radio hört sie zusammen mit Rosi noch die dünne Stimme des greisen Marschall Pétain, der den Franzosen ihre Niederlage erklärt: Zu viel gestreikt, zu wenig gerüstet. Jetzt müsse eben der Gürtel enger geschnallt werden, gemeinsam mit ihm, dem Retter des Vaterlandes.

Dann winkt Melanie Rosi auch schon aus einem Zug nach Toulouse.

10

MONTAUBAN

Montauban liegt 50 Kilometer nördlich von Toulouse. Wie sie damals dorthin gekommen sei? »Wahrscheinlich bin ich von Toulouse aus gegangen«, sagt Melanie, »das war ja nur ein Tagesmarsch«. Sie sitzt in ihrem beigen Lehnstuhl in Saint Étienne und studiert die Kopie einer Karteikarte. »Allocations aux Refugiés«, Zuwendungen an Flüchtlinge, steht da über ihrem handschriftlich eingetragenen Namen, ausgestellt im Rathaus von Montauban. An den Rand ist noch »corsetière« notiert, Miedermacherin, ihr erlernter Beruf. »Wir scheinen dort einige Spuren hinterlassen zu haben«, sagt sie.

Auf der Rückseite des Dokuments sind säuberlich die Daten festgehalten, an denen sich Melanie je 70 Francs wöchentliche Unterstützung abgeholt hat, erstmals am 27. Juli 1940. Es ist das gleiche Datum, mit dem auch Georgs Karte beginnt.

Die Karteikarten der Emigranten finden sich heute in zwei mit Bindfäden verschnürten dicken Papierumschlägen im Résistance-Museum. Dort archivierte Zeitzeugenberichte erzählen davon, wie sich die Bevölkerungszahl Montaubans durch die Flüchtlinge innerhalb weniger Monate fast verdoppelte und wie die Stadt improvisierte: Sie organisierte Nahrungsmittel- und Kleiderspenden, die große Halle des Getreidemarkts wurde mit Stroh ausgelegt, um ein riesiges Schlaflager zu schaffen.

Das Museum hat die Stadt vor einiger Zeit in einen spärlich besuchten Flachbau eines Neubauviertels ausgelagert, hinter einen Skatepark, so als müsste man sich dafür schämen. Als zähle es nicht viel, was Montauban damals alles mobilisiert hat, um geflohene Tschechen, Polen, Deutsche, Österreicher zu versorgen und vor allem

Spanier, die für die Republik gekämpft hatten und von denen sich viele nur noch als Krüppel nach Frankreich schleppen konnten. In einem verwackelten Schwarzweißfilm, den die christlichen Quäker damals in der Stadt drehten, ist zu sehen, wie verwundete Interbrigadisten in einer Werkstatt Prothesen angepasst bekommen, damit sie wieder arbeiten können. Wie ausgezehrte Menschen vor den riesigen Töpfen der Quäker stehen, deren britische und amerikanische Mitarbeiterinnen im großen Festsaal der Stadt täglich Suppe und Brot ausgeben.

Melanie kommt an einem Abend im Juli 1940 nach Montauban. Auch sie schläft zunächst in der Halle und isst bei den Quäkern. An den langen Tischen sitzt sie öfter bei den Cohn-Bendits. Herta Cohn-Bendit berichtet ihr selbstironisch, wie ewig sie schon am Emigrieren seien, nämlich seit 1933, und dass dabei immerhin schon ein Kind herausgekommen sei, nämlich Gabriel, der mit seinen vier Jahren neben ihr hockt und von ihr ermuntert wird, ordentlich zu essen. Kurz vor Kriegsende wird sich in Montauban mit dem zweiten Sohn Daniel wieder Nachwuchs einstellen. Beim Essen ist manchmal auch ihr Mann Erich dabei, in sich gekehrt. In Berlin galt der junge Jurist als einer der profiliertesten Anwälte der Linken, nun muss er sich als Gelegenheitsarbeiter durchschlagen. Sein Gesicht ist eingefallen, fast so sehr wie das von Georg, dem Melanie eines hellen Morgens in der Stadt über den Weg läuft.

In einer der mit orangem Backstein bebauten Gassen, die in der Sonne so glänzen, als würden sie glühen, stehen sie sich auf einmal gegenüber.

Ihr kommen die Tränen. Und das passiert ihr nicht oft.

Zum ersten Mal seit Langem können die beiden in dieser Stadt wieder durchatmen. Sie können einfach nur dastehen und die weiche Wärme der Sonne genießen.

Der Süden Frankreichs ist noch nicht von den Deutschen besetzt, das Vichy-Regime hat noch nicht alles gleichgeschaltet. In

Montauban amtiert mit Fernand Balès noch ein sozialistischer Bürgermeister, dessen Mitarbeiter Emigranten bei der Wohnungssuche helfen.

Georg erzählt, er sei nach seiner Ankunft, wenige Tage zuvor, auf der Straße vor Erschöpfung einfach umgekippt und ins Krankenhaus gebracht worden. Melanie streichelt ihn und erzählt ihm von ihrer chaotischen Reise mit Rosi. Und dann gehen sie zusammen den ganzen Tag lang noch einmal die Wendungen ihrer Wege durch, die sie wieder zusammengeführt haben – und natürlich auch den Moment mit dem Geisterzug und Peter, der inzwischen weitergezogen und auf dem Weg nach Grenoble sei, wie Georg berichtet.

Melanie wird ganz schwindlig wegen der vielen Zufälle und des Glücks, das so zuverlässig zu ihr zu kommen scheint.

Im Zickzack, berichtet Georg, seien sie in offenen Viehwaggons Richtung Atlantik gerollt, bewacht von einigen marokkanischen Posten, die bei jedem, der abspringen wollte, ein Auge zudrückten, wenn sie nicht sowieso ein Nickerchen machten. Es sei allerdings kaum einer vom Zug gesprungen, weil es Brot, Marmelade und Fleischkonserven vom Militär gab. In Bayonne sei vorerst Endstation gewesen. Gustav und er hätten beschlossen, lieber getrennt weiterzuziehen, denn zuvor bei den Prestataires war ihr gemeinsamer Ausbruchsversuch kläglich gescheitert. Während Gustav im Geisterzug geblieben war, der zurück nach Osten fuhr und Marseille erreichen wollte, war er selbst vom Waggon gesprungen, weggerannt und erst einmal durch Bayonne gestreift. Irgendwann hatte er eine Zeitung in die Hände bekommen, in der eine Karte mit der Demarkationslinie abgebildet war, und begriffen, dass er noch in derselben Nacht das östlich an den Pyrenäenausläufern gelegene Pau erreichen musste, um nicht den heranrückenden Deutschen in die Hände zu fallen. Tausende seien auf den Straßen in dieselbe Richtung gehetzt, Reste aufgelöster französischer Brigaden, jüdische und spanische Flüchtlinge, die Opfer aller Niederlagen des letzten Jahres. In seinem zerschlissenen blauen Sträflingskittel fiel Georg in dem Treck der Getriebenen nicht auf. In einer Seitenstraße habe er seine Emigrantenpapiere verbrannt und es als vermeintlicher Tscheche in einen Bus mit französischen Soldaten geschafft – und später zu Fuß nach Montauban, wo ihm die Beine weggesackt waren.

Und nun? Melanie hakt sich bei Georg unter, und sie gehen Erbsensuppe essen bei den Quäkern. Sie finden ein kleines abgetakeltes Zimmer und versuchen, die Weltgeschichte zu ignorieren. Ein paar Tage wenigstens.

Aber so richtig will ihnen das nicht gelingen. Denn die Niederlage und das durch Pétain und seinen Stellvertreter Pierre Laval umgedrehte Frankreich und diese ganze angstschlotternde Hoffnungslosigkeit, die sich unter den Emigranten breitmacht, das alles wirft natürlich Fragen auf: Hätten sie selbst vielleicht einmal die rosarote Brille abnehmen sollen? Haben sie die Linke überschätzt, sich selbst zu ernst genommen? Wo ist eigentlich die revolutionäre Bewegung geblieben, die sie in jedem Bulletin herbeigeschrieben haben? Dafür war es beklemmend still.

Um sich nicht zu sehr zu quälen, ziehen sie andere Fragen vor: Wo die anderen sind, ist die wichtigste. Hat Gustav Marseille erreicht? Wohin hat es Karl Fischer und Franz Lederer verschlagen, von denen sie seit Antwerpen nichts mehr gehört haben? Und wie geht es dem neuen Genossen Ignaz Duhl und der jungen Edith Kramer, deren Spur sich auch in Antwerpen verliert?

An einem Spätsommertag Ende September steht ein ausgezehrter junger Mann mit kahl rasiertem Schädel in der Schlange der Essensausgabe. Melanie erkennt ihn erst gar nicht, doch Georg hat ihn schon in den Armen: Es ist Karl Fischer, der »Kegel« – und der muss erst einmal seine Brille abnehmen und sich über die Augen wischen vor Rührung.

Er hat keine Papiere, aber Georg und Melanie schleusen ihn an einen der Tische, und Karl beginnt sofort zu berichten: Am Tag seiner Verhaftung habe es Zwetschgenknödel gegeben. Die Mutter von Edith Kramer habe sie in ihrer kleinen Wohnung in Antwerpen zubereitet, Mitte Mai 1940, als die Deutschen bereits Belgien bombardierten. Schon der Weg zur Wohnung kam Karl komisch vor, er war der einzige junge Mann auf der Straße. Kurz darauf klopfte die belgische Polizei, verhaftete ihn, und er landete als »deutscher Spion« im Gefängnis – zusammen mit deutschen Emigranten und flämischen Nationalisten. Ein Untersuchungsrichter kündigte ihm bereits die Todesstrafe an, doch die Deutschen rückten so rasant vor, dass er mit anderen Verdächtigen in Viehwaggons gesteckt und nach Frankreich deportiert wurde. Zwei Wochen dauerte die Irrfahrt, bis sie Orléans erreichten. Mitunter wurde der Zug von der deutschen Luftwaffe bombardiert, beschädigte Waggons mussten ausgetauscht werden, tagelang standen sie auf Nebengleisen. In Bahnhöfen flogen aus der Masse der vor den Deutschen fliehenden Menschen Steine auf ihren Zug, denn Beschriftungen auf den Wagen wiesen auf »espions allemands«, »fascistes« oder »cinquième colonne« hin, um die Bevölkerung aufzuwiegeln. Achtzig Männer waren in einen Viehwagen gequetscht worden. Sie teilten sich einen Kübel für ihre Notdurft, immer wieder mussten Tote hinausgeworfen werden. In Orléans kamen viele ohne Hilfe nicht mehr aus den Waggons. Wieder folgten Verhöre. Dass er in Österreich bereits als Antifaschist verurteilt worden war, habe niemanden interessiert. Mit dem nächsten Transport kamen sie nach Saint-Cyprien.

In diesem Lager am Strand des Mittelmeers vegetierten 5000 Menschen in sengender Hitze hinter Stacheldraht, einer davon: Franz Lederer. Er hatte sich bereits in Belgien bei den Behörden gemeldet und war etwas anständiger ins Lager transportiert worden als Karl. Am Strand konnte Karl zu ihm in eine Sandhöhle kriechen, später teilten sie sich eines der wenigen kleinen Zelte mit dem Komponisten Ernst Busch. Das Essen im großen Küchenzelt war wegen des Ungeziefers kaum genießbar, täglich raffte der Typhus Insassen dahin, Hunderte spanische Häftlinge waren bereits gestorben. Die Vichy-Regierung, erzählte man sich, habe begonnen, deutsche Emigranten an die Gestapo auszuliefern. Nach etwa drei Wochen riskierte Karl einen ersten Ausbruchsversuch, wurde erwischt, der zweite Versuch gelang. Er habe es bis nach Montpellier geschafft, wo er nach einigem Suchen auf Franz gestoßen sei, der schon vor ihm aus dem Lager hatte entkommen können und die Stadt mit ihm als Treffpunkt ausgemacht hatte.

Melanie atmet durch. Ihren noch vollen Suppenteller schiebt sie Karl zu. In den Wochen zuvor hat sie etliche Fluchtgeschichten gehört, eine so gnadenlose aber war nicht darunter gewesen. Und dennoch hat Karl sich schon wieder an die Arbeit gemacht. Während Georg und sie die letzte Zeit ein wenig durchhingen und nicht recht weiterwussten, hat Karl bereits wieder zu schreiben begonnen, trotz Fiebers und seines juckenden, von Läusebissen übersäten Körpers. In einem abbruchreifen Bauernhaus, das Franz von der Kommunalverwaltung in Florensac zugewiesen worden ist, einem Dorf außerhalb von Montpellier, ist der *Marxist* entstanden – gedacht als ein Comeback der Revolutionären Kommunisten. Wenigstens der innere Zirkel soll wissen, dass sie am Leben sind. Außer Franz und Karl hat Ignaz Duhl an dem Projekt mitgewirkt, der zwanzigjährige Tischlerlehrling aus Wien, der in Antwerpen zu ihnen gestoßen war und der sie bei Montpellier wiedergefunden hatte. Er will sich in der Holzbranche nach Arbeit umsehen, vielleicht als Waldarbeiter, wird aber engen Kontakt zu ihnen halten.

Mit der Zeitschrift gibt es allerdings ein Problem: Die mit winzigen Druckbuchstaben per Hand beschriebenen 100 Seiten setzen den Transporteur einer enormen Gefahr aus. Franz hatte gegen derlei Risiken Yoga-Übungen empfohlen: Autosuggestion helfe auch bei Gestapo-Verhören. Wenn sie die nächsten Jahre überstehen wollten, müssten sie lernen, Hunger, Durst und Schmerzen zu ertragen.

11

GRUPPENDYNAMIK

Es lässt sich nicht mehr genau sagen, wann das Angebot von der Beamtin aus dem Rathaus kam und ob es nur ein Angebot oder eine Aufforderung war, aber an einem Tag im Herbst stehen Melanie, Georg und Karl vor einem verlassenen Bauernhaus fünf Kilometer außerhalb von Montauban, das vorerst ihr Zuhause wird. Zum Haus gehört ein brachliegender Garten mit Plumpsklo, die Postadresse lautet: Petite Maison Castel, Route St. Martial, Montauban. Die Adresse ist auf der Alimentationskarte von Theresa Kramer verzeichnet, die mit ihrer Tochter Edith einige Monate später dort einziehen wird.

Vorerst befreien die drei das heruntergekommene Haus vom gröbsten Schmutz, verscheuchen ein paar Mäuse aus der Küche und feuern den gusseisernen Herd an, um in einem Bottich Wasser zu erwärmen. In dem großen Waschbecken aus Stein wäscht Melanie ihre Kleidung und dann sich, ein Stück Seife hat sie immer im Gepäck. Die zwei dunklen Räume im ersten Stock sind zu hellhörig, um sich richtig zu lieben, die primitiven Betten mit den klammen, strohgefüllten Matratzen zudem nicht sehr einladend. Allein wird Melanie mit Georg ohnehin nur selten sein, bald ziehen mit Hans Beck und Fred Pollack zwei Linkssozialisten aus Wien bei ihnen ein, zeitweise werden sie das Haus zu acht bewohnen.

Doch das ist alles keine Katastrophe, sondern fühlt sich fast an wie im Märchen: Sie kommen aus Lagern oder dreckigen Zügen, nun sind sie aufs Land verschickt. Die Polizei lässt sich dort kaum blicken, sie können sich gesund pflegen, Luft holen, seit über zwei Jahren Flucht zum ersten Mal. Manchmal bringt die Bauersfrau von nebenan ihnen Marmelade. Im Frühjahr werden sie im Garten Bohnen und Kartoffeln pflanzen und Blumen.

Georg kann mit der pittoresken Idylle wenig anfangen. Melanie spürt, wie seine Unruhe wächst. Das Netzwerk der Gruppe ist gerissen, Kontakte müssen mühsam erneuert werden. Zu Josef Hindels in Schweden gibt es noch Verbindung, von Arthur Streicher, der mit Melanie aus Wien geflohen war und sich aus Verzweiflung über die herannahenden Deutschen zur französischen Fremdenlegion gemeldet hatte, fehlt schon länger ein Lebenszeichen. Müssen sie nicht für den Fall vorsorgen, dass die Deutschen auch den Süden besetzen?

Es fällt ihm nicht leicht, aber für alle Fälle nimmt Georg wieder Kontakt nach Amerika auf, zu den Genossen mit ihren Trotzki-Bärtchen – und fährt nach Marseille, um Gustav zu treffen.

Der wartet in einem heruntergekommenen Hotelzimmer in Hafennähe, dunkelblond, blauäugig und kampfbereit. Auf der Rückfahrt von Bayonne konnte Gustav vom Geisterzug springen. Er hat nun nicht nur Les Milles, sondern zuvor auch das Konzentrationslager Buchenwald bei Weimar überstanden. Er hat dort gesehen, wie sich brutale SS-Männer in fürsorgliche Gärtner verwandelten, wenn es um die Goethe-Eiche auf dem Gelände ging. Und nun, in Marseille, muss er mitansehen, wie schon wieder Gestalten in langen grauen Mänteln und hohen schwarzen Stiefeln herumlaufen, die mit Hakenkreuzen an der Mütze aus Lastern und dunklen Limousinen steigen: Gestapo-Beamte.

Gustav hat genug. Er will zurückschlagen, nicht theoretisch, ganz praktisch.

Er liebäugelt damit, sich in Jugoslawien den Partisanen anzuschließen, zusammen mit Kommunisten, die er aus Buchenwald kennt und für die er, das sagt er Georg, die Hand ins Feuer legen würde.

Georg erinnert ihn an die Listen, die Stalins Geheimpolizei GPU von den Trotzkisten angelegt hat und an die GPU-Morde im Spanischen Bürgerkrieg. Er traut der vermeintlichen Solidarität nicht, so etwas kann Gustav auch in Jugoslawien passieren. Aber Gustav beeindruckt das nicht. Sie seien Tote auf Urlaub, sagt er.

Um aber eine Chance zu haben, diesen Urlaub zu überleben, brauche die Gruppe ihn – etwas in der Art muss Georg ihm entgegnet haben, denn nach einer langen Pause nickt Gustav ihm zu und entscheidet sich gegen Jugoslawien.

Die beiden bleiben noch in der Stadt, sie wollen etwas ausloten. Für alle Fälle. Bei Flüchtlingskomitees erkundigen sie sich nach Ausreisemöglichkeiten, noch laufen von Marseille Schiffe nach Übersee aus. In den Cafés am Alten Hafen tauchen sie ein in die Gerüchteküche der Emigration. Es gebe noch Schiffsplätze auf Frachtern, heißt es. Jemand verkaufe chinesische Visa. Es gebe noch Wunder. Sie hören von einem Amerikaner, der mit einer Gruppe namens Emergency Rescue Committee Ausreisevisa für verfolgte Künstler bereithalten soll. Er residiert im vierten Stock des Hotel Splendide am Boulevard d'Athènes, dem Hotel zur letzten Hoffnung. Aber er bedient nicht Hinz und Kunz. Varian Fry kümmert sich um Lion Feuchtwanger, Heinrich Mann, Anna Seghers und Marc Chagall, nicht um selbst ernannte Berufsrevolutionäre. Nicht um das Fußvolk der Hoffnungslosen. Georgs und Gustavs Chancen stehen schlecht, sie reisen ab.

Zurück in Montauban hat Georg außer Gustav noch etwas dabei, das er Melanie an einem Abend zeigt, als sie allein sind: zwei Affidavits, die er auf dem amerikanischen Konsulat in Marseille bekommen hat und über die sie nicht sprechen, weil sie wie ein kleiner Verrat sind. Es sind Bürgschaften amerikanischer Genossen auf ihren und seinen Namen. Entscheidende Puzzleteile für eine Ausreise, die viele Emigranten ersehnen und nie bekommen werden. Doch eine Ausreise ist kompliziert: Selbst mit einem Affidavit und einem USA-Visum ist man nicht am Ziel. Wo ein Visum war, war noch lange kein Weg. Zusätzlich gefordert sind ein Schiffsticket und eine französische

Ausreiseerlaubnis – und Transitvisa, wenn man etwa Spanien und Portugal durchqueren muss. Und alles muss zeitlich zusammenpassen, weil die Papiere Ablaufdaten haben.

Melanie weiß noch genau, wie sie damals diese Papiere in den Händen hielt, diese unglaubliche Option, dem ganzen Druck zu entkommen. Den Ortswechseln, der Hatz. »Wir haben die Affidavits verfallen lassen«, sagt sie. »Wir wollten ja nicht uns retten, sondern die Welt.«

Sie haben sich wieder gesammelt und nicht gekniffen, das stimmt. Trotzdem scheint es eine gewisse Zeit des Zweifels gegeben zu haben. Wochen, in denen sie schwach wurden und Amerika eine Lösung verhieß. Die Gruppe war isoliert, die Männer waren mitgenommen von der Lagerhaft. Trotzki war wenige Wochen zuvor von Stalins Agenten umgebracht worden und sie, die Revolutionären Kommunisten, wer waren sie schon? Politische Waisen, die kaum einer kannte. Zudem war auch ihr Bauernhof keine Versicherung vor Verhaftung.

Im Archiv in Montauban findet sich in einem Polizeiprotokoll der Hinweis, dass Melanie 1940 ein französisches Ausreisevisum beantragt hat. Sie zuckt mit den Schultern: Es könne durchaus sein. Sie erinnert sich nicht mehr daran. Vielleicht schien ihr dieser kurze Moment des Zweifels irgendwann zu klein, als dass sie auch darüber Zeugnis ablegen müsste.

Einstweilen jedenfalls fangen sie in ihrer Wohngemeinschaft etwas kleiner an als mit der Weltrettung: Melanie wäscht, Georg denkt, und Karl und Gustav gehen auswärts arbeiten – sind mal Köhler, mal Holzfäller, je nachdem, was gerade in der Gegend gesucht wird.

Das wenige Geld werfen sie zusammen, doch weit kommen sie damit nicht. Nahrungsmittel sind rationiert und nur gegen Lebensmittelkarten erhältlich. Vor den Geschäften bilden sich lange Schlangen, die Läden sind leer, die Hinterzimmer dagegen oft gut gefüllt. Wie überall im Land blüht auch in Montauban der Handel auf dem verbotenen Schwarzmarkt, doch Melanie und Georg ist das zu riskant. Mehr als eine Suppe steht in ihrem neuen Quartier daher selten auf dem Tisch. Gustav klaut dem Kaninchen, das sie in einem kleinen Verschlag halten, vor lauter Hunger manchmal die Kartoffelschalen. Oft laufen Melanie und Georg die fünf Kilometer in die Stadt, um mittags bei den Quäkern zu essen.

Franz Lederer hält sich von der Kommune in Montauban lieber fern. Er zieht es vor, in seiner Ruine in Florensac zu bleiben. Im November hat er dahin eingeladen und Melanie dabei ignoriert. Anberaumt ist eine Konferenz der Revolutionären Kommunisten. Die Delegierten, darunter Georg, Karl und Ignaz Duhl, reisen aus Sicherheitsgründen in mehrtägigen Abständen an. In einer Scheune, die ebenso abbruchreif ist wie das Haus, wird Selbstkritik geübt. Ab und zu sind dabei kleine Explosionen aus Bottichen zu vernehmen, in denen Franz gärende Feigen lagert. Aller Einsatz soll auf eine gemeinsame Kommunistische Internationale gerichtet sein, sektiererische Alleingänge soll es nicht mehr geben, heißt es. Dass sie selbst, die Revolutionären Kommunisten, aus guten Gründen als Alleingang gestartet sind, soll nichts mehr zur Sache tun.

Franz plädiert dafür, in der Südzone mehrere Stützpunkte aufzubauen und einen Fonds für die Genossen einzurichten, die die Revolution berufsmäßig betreiben, wobei nicht ganz klar wird, ob damit außer ihm und Georg noch jemand gemeint ist. Schließlich verlassen die Delegierten die Scheune wieder so unauffällig, wie sie gekommen sind.

Zurück bleibt der asketische Einsiedler, der sich zwischen ein paar Ratten und Büchern eingerichtet hat – »unser schlechtes Gewissen«, wie Georg später über Franz schreibt. Sie werden ihn nicht mehr wiedersehen. Ende Februar 1941 stirbt Franz Lederer an einer Gelbsucht, mit 26 Jahren.

Der erneut harte Winter hatte sich bereits im November angekündigt, und er schüttelt das gebeutelte Land durch. Die im

Dezember ins Leben gerufene Winterhilfe organisiert Suppenküchen und Armenspeisungen und finanziert sich über den Verkauf von Postern des Retters Frankreichs, Marschall Pétain. An der Mangelernährung ändert das wenig: Die Zahl der Tuberkulose-Toten verdoppelt sich, die Körper vieler Kinder stellen wegen Vitaminmangels das Wachstum ein.

Auch die Suppen bei den Quäkern werden dünner. Melanie kommt über die Bäuerin in der Nachbarschaft an Milch, und oft halten sie sich tagelang mit Birchermüsli über Wasser, wie seinerzeit in Antwerpen. Nachts frieren die Fenster von innen zu, und gegen die Kälte legen sie sich im Ofen erwärmte Steine ins Bett, die sie mit Zeitungen umwickeln. Zu Weihnachten gibt es immerhin Orangen, das Kaninchen zu schlachten bringt keiner übers Herz.

Als langsam der Frühling kommt und sie aus dem Gröbsten heraus sind, merkt Melanie, wie es unter den Männern knirscht. In der Stadt treffen sich die deutschsprachigen Emigranten – linke Sozialdemokraten, Kommunisten, auch die Revolutionären Kommunisten sind dabei. Es wird in Arbeitsgemeinschaften diskutiert, aber Karl plaudert ihnen zu leichtfertig, scheint zu vertrauensselig. Der neue Internationalismus kann ja nicht bedeuten, sich plötzlich mit Stalinisten zu arrangieren, die in Montauban recht zahlreich vorhanden sind.

Die Lage eskaliert, als es Gustav gelingt, vom Unterstützungskomitee für politische Flüchtlinge ein Ausreisevisum für Amerika zu ergattern, und die Wahl, wer es nutzen soll, auf Karl fällt. Er sei für den illegalen Kampf nicht geeignet, hört er von Gustav und Georg. Karl ist entrüstet und sagt, sein Platz sei da, wo seine Freunde seien und wo er eine Aufgabe habe. »Basta!« habe er noch gebrüllt, erzählt Georg Melanie später.

Der Zwist löst sich vorerst von selbst: Die Begleitdokumente für das Visum sind unmöglich zu bekommen. Stattdessen beginnen die Genossen damit, sich wie geplant zu zerstreuen: Karl soll nun mit

Ignaz Duhl einen Stützpunkt in Lyon aufbauen, wohin die beiden bald aufbrechen. Die Verbindung zu der neuen Zelle wird über tote Briefkästen laufen, wozu Karl in einem Mietshaus einen Kasten mit seinem Namen montiert und dem Briefträger erklärt, er sei der neue Untermieter.

Im Mai 1941 kommen in Montauban neue Mitbewohnerinnen im Bauernhaus an: Theresa Kramer mit ihrer Tochter Edith, 19 Jahre alt, aus Wien, und noch immer mitgenommen vom Tod Franz Lederers, ihrer platonischen Bibliotheksliebe aus Antwerpen. Einige Wochen zuvor hatte sie davon erfahren.

Für Melanie ist Ediths Ankunft ein Segen. Ihren Namen kannte sie nur aus den Briefen, aber sie ist sofort begeistert, als sie da ist. Und erleichtert. Beide sind fast gleich alt und entziehen sich jetzt oft den ermüdenden Polit-Diskussionen. Sie sprechen über das, was noch so ansteht im Leben: über Bücher, Männer und Mode und den ständigen Mangel. Vor lauter Mangel an Seidenstrümpfen hat die Kosmetikunternehmerin Elizabeth Arden eine Färbelotion für Frauenbeine entwickelt, um die fehlenden Strümpfe zu imitieren. Zum Set gehört ein schwarzer Schminkstift, mit dem sich eine falsche Naht auf die Rückseite der Wade zeichnen lässt.

Sie erzählen sich auch von ihrer Flucht, die bis Belgien ganz ähnlich verlaufen ist, wobei Edith und ihre Mutter zweimal eingesperrt wurden: Zuerst hatte sie eine deutsche Grenzpatrouille bei Aachen aufgegriffen, das nächste Mal wurden sie während des deutschen Angriffs im Mai 1940 als feindliche Ausländerinnen in ein belgisches Lager eingewiesen, aus dem sie später entkommen konnten. Ediths Vater, ein Rechtsanwalt, war schon gestorben, als sie elf war.

Ganz ordnungsgemäß meldet sich auch Ediths Mutter in Montauban im Rathaus als Flüchtling an. Inzwischen ist dort der sozialistische Bürgermeister Fernand Balès durch einen vichytreuen Nachfolger ersetzt und ein kleines Detail bei der Anmeldung ergänzt worden. Auf ihrer Carte d'alimentation wird ein Wort notiert, das bei den anderen fehlt, »israélite«. Gut ein Jahr darauf wird Theresa Kramer im Zuge der einsetzenden Jagd auf Juden in Südfrankreich festgenommen und in ein Vernichtungslager deportiert.

Vorher aber wird sie in Montauban zur Seele der Wohngemeinschaft. Die Anlaufstelle für Kummer, die Zauberkünstlerin am Herd, die jeden Tag mindestens eine Gemüsesuppe zusammenbringt, manchmal sogar mit Knödeln.

Für Georg als Berufsrevolutionär läuft es recht gut. Er wird umhegt, die beiden jungen Frauen nutzt er als Sekretariat: Sie tippen seine Vorlagen für Bulletins und Flugblätter auf der Schreibmaschine ab.

Das konspirative Büro im Bauernhaus ist allerdings kostspielig und gefährlich. Ein Gutteil des knappen Geldes geht in einen technischen Fonds, aus dem Druckutensilien besorgt werden: Sie kaufen rationiertes Papier auf den Namen nicht mehr existenter Firmen. Das ist trickreich, aber teuer – und riskant. Während des Tippens muss draußen dauernd jemand Schmiere stehen, damit im Zweifel Schreibmaschine und Papiere in einem Hohlraum im Kamin versteckt werden können. Besonders gut kommen ihre Flugblätter unter den Emigranten in der Stadt dabei nicht an. Der Titel »Am Vorabend der proletarischen Revolution in Europa« ist so weit weg von der gedrückten Stimmung der Flüchtlinge, dass Georgs Gruppe bald nur noch »Am Vorabend« genannt wird.

Georg scheint das wenig auszumachen, und Melanie und Edith schreiben und tippen fleißig weiter. Es gibt viel zu tun. Bald ist die erste Ausgabe des Bulletins der Revolutionären Kommunisten fertig, eine etwa dreißig Seiten starke Mitgliederzeitschrift, ein Gemisch aus Sprachrohr und Debattentribüne. Bis Kriegsende wird sie trotz Quartierwechseln, Polizeikontrollen und Verhaftungen fast jeden Monat erscheinen.

Die Liebe zwischen Melanie und Georg ist verwoben mit ihrer Arbeit. Er formuliert, und sie schreibt, das ist die Rollenverteilung.

Nur glaubt Melanie kaum noch an das, was sie da zu Papier bringt. Ist das schon der Anfang vom Ende? Den gedrechselten Stil, den weltfremden theoretischen Eifer mag sie immer weniger.

Sie setzt deshalb öfter kleine Nadelstiche gegen Georg – vorsichtig, nicht laut, denn sie hat Achtung vor seinem Wissen, der Tiefenschärfe seiner Gedanken. Aber wie realistisch, fragt sie, wäre ein freies Räte-Deutschland in einem geeinten Räte-Europa, wie im Bulletin gefordert? Der Plan sei doch schon nach dem Ersten Weltkrieg gescheitert, warum sollte er ausgerechnet jetzt funktionieren, wo die Faschisten viel fester im Sattel sitzen als die Regierungen damals? Viele Versatzstücke aus dem marxistischen Baukasten versteht Melanie kaum. Aber andere, gibt sie zu bedenken, würden das auch nicht verstehen. Was ihr fehlt, ist eine verständliche Übersetzung ihres Anliegens in die Sprache einfacher Leute – die deutscher Soldaten etwa, die man zur Umkehr bewegen müsse.

Mit ihren Glaubenspostillen an einen Zirkel Eingeweihter, findet Melanie, würden sie sich verzetteln. Das sagt sie nicht so, sondern etwas vorsichtiger, aber Georg ahnt, was sie meint.

Manchmal schaut er kurz auf, schmunzelt und stutzt. Dann schreibt er weiter. Sätze wie: »Vor diesem Krieg sagten wir wiederholte Male, dass, falls der neue imperialistische Weltkrieg nicht aufgehalten werden könne, dieser der Höhepunkt der Reaktionsperiode und damit auch Wendepunkt zu neuem revolutionärem Vormarsch sein würde.«

Georg schreibt unablässig, auch noch im Bett. Doch die Wende lässt auf sich warten. Die nahe Zukunft verspricht stets mehr als die Gegenwart.

Tausende Seiten aus diesen Jahren hat Georg Scheuer hinterlassen. Sie liegen heute in über hundert Ordnern im Internationalen Institut für Sozialgeschichte in Amsterdam. Manchmal sind es Postkarten mit einem Satz, mitunter Papierschnipsel mit drei Worten. Er hat kleine Schulungshefte für die Manteltasche geschrieben, in winziger Schrift. Eines heißt *Der Marxist* und ist zur Tarnung in BH-Werbung eingeschlagen, eine berührende Bastelarbeit für kommende Kader, von denen kaum welche kamen. Basteln konnte er bestens, ein guter Stilist ist er später geworden, nach dem Krieg, als Journalist. Für Leser ist das frühe Konvolut schwer verdaulich, sperrig und steif verfasst und garniert mit dem ermüdend oft wiederholten Refrain der Revolution. Die Geschichte seiner Generation, für Georg war sie eine in Rot geschriebene Verheißung. Die Geschichte eines Irrtums war sie für ihn nie.

Bald schreibt und redigiert er nicht mehr nur die Flugblätter und Bulletins der Revolutionären Kommunisten, sondern beliefert auch die französische Untergrundpresse, den *Front Ouvrier* oder den *Étincelle*. Der Vulkan unter den Füßen des deutschen Imperialismus brodele und koche und warte nur »auf eine Gelegenheit zum Ausbruch«. Das ist der Sound, der revolutionäres Feuer entfachen soll. Doch es erkaltet auch etwas in dieser Zeit, die Beziehung zu Melanie.

Nach außen bleiben sie das Herzstück der Gruppe, nur ihre Liebe schleicht sich davon. Manchmal schlafen sie noch miteinander, aber sie brennen nicht mehr füreinander. Melanie hält sich noch für verliebt, dabei hat sie schon länger das Gefühl, Georg sei eigentlich ein großer Bruder. Und nennt er sie nicht damals bereits seine »Kameradin«? Es ist nicht unbedingt das Wort, das man jemandem ins Ohr flüstert, den man liebt.

In den praktischen Dingen funktionieren sie zusammen weiterhin ziemlich gut. Sie sind ein Bündnis, was auch nötig ist, weil der Herbst ungemütlich wird. Die Polizeikontrollen unter Sonderkommissar Pflugfelder nehmen zu. Als Erstes erwischt es ehemalige Spanienkämpfer der marxistischen POUM. Etliche von ihnen landen im Gefängnis, manchmal reicht dafür ein Orangendiebstahl.

Die quirlige Hausgemeinschaft auf dem Lande kommt Georg langsam zu riskant für die politische Arbeit vor: Das dauernde

Wachestehen draußen macht ihn drinnen nervös. Melanie mietet deshalb die kleine Wohnung in dem baufälligen Haus am Tarn. Die Adresse kennen nur sie beide und Gustav, der mittlerweile im 50 Kilometer entfernten Verfeil-sur-Seye als Holzfäller arbeitet.

Es ist unklar, warum zu Beginn des erneut bitteren Winters auch Edith und ihre Mutter nach Verfeil verwiesen werden, jedenfalls fehlt Georg nun eine wichtige Schreibkraft.

Ersatz findet er unter den Servicekräften bei den Quäkern. Dort sorgt die resolute Französin Madeleine Goetzmann, 25, für Disziplin in der Warteschlange, während ihre Freundin Jeanne Katzenstein mit ihren dunklen staunenden Augen sanft und ausgleichend wirkt. Sie ist 18 Jahre alt, ist mit ihren jüdischen Eltern aus Frankfurt geflüchtet, heißt eigentlich Johanna und spricht Deutsch, Englisch, Spanisch und Französisch. Für Georg eine Idealbesetzung. Er freundet sich mit ihr an. Jeanne scheint zuverlässig, sie hat sich bereits in Paris zusammen mit Madeleine den Jeunesses Socialistes Révolutionnaires angeschlossen. Georg erzählt ihr von ihrer Gruppe. Entgegen der Absprache zeigt er Jeanne auch die Wohnung am Tarn, wo sie zum Jahreswechsel 1941/42 die Schreibarbeit mit ihm beginnt. Da die Typo-Schreibmaschine alt und schwergängig ist, bietet Jeanne ihre Hilfe an, um eine bessere zu besorgen. Dazu gehen zwischen ihr, Madeleine Goetzmann und einem Bekannten einige Briefe hin und her, die die Polizei abfängt.

12

VERHAFTET

Am Morgen des 26. Januar wird Jeanne Katzenstein von Polizisten zum Kommissariat in der Nähe der Präfektur gebracht. Aus den Briefen weiß die Polizei nicht viel, allein dass es um eine Schreibmaschine geht, wirkt verdächtig. Sonderkommissar Philippe Pflugfelder fragt, für wen sie tippt, doch Jeanne zögert mit der Antwort. Erst als ihr ängstlicher Vater und ihre Stiefmutter vorgeführt werden, nennt sie einen Namen: Melanie Berger. Und führt die Polizei zu der Adresse am Tarn, wo Melanie wenig später verhaftet wird. Freigelassen, wie von Pflugfelder versprochen, wird Jeanne dafür nicht. Sie wird in französische Lager kommen und später in einem deutschen Konzentrationslager landen.

Noch am selben Nachmittag wird Melanie vorgeführt. Auch bei ihr probiert es Pflugfelder zunächst auf die autoritäre Art: Man kenne sie und ihre Tätigkeit genau, versichert er ihr. Packe sie nicht aus, bekomme sie ernste Probleme. Als das nicht zieht, versucht er die Mitleidsmasche. Auch er habe illegal gearbeitet, in der Konterspionage gegen die Deutschen. Eigentlich sei er ja Anwalt, aber nun sei er in den Polizeidienst gezwungen worden. Er habe eine kranke Frau zu Hause und ein kleines Kind, glücklich sei auch er nicht. Er spüre doch, dass sie intelligent sei. Sie beide, sagt er leise, und kommt ihr dabei so nah, dass sie seinen Schweiß riechen kann, würden sich sicher gut verstehen. Er rate ihr, zu gestehen, dann könne sie schnell wieder nach Hause.

Nach Hause kann ich ohnehin nicht mehr, denkt Melanie und bleibt dabei, nichts zu wissen und alles für sich geschrieben zu haben, aus politischem Interesse. Sie hat bereits in den Notfallmodus

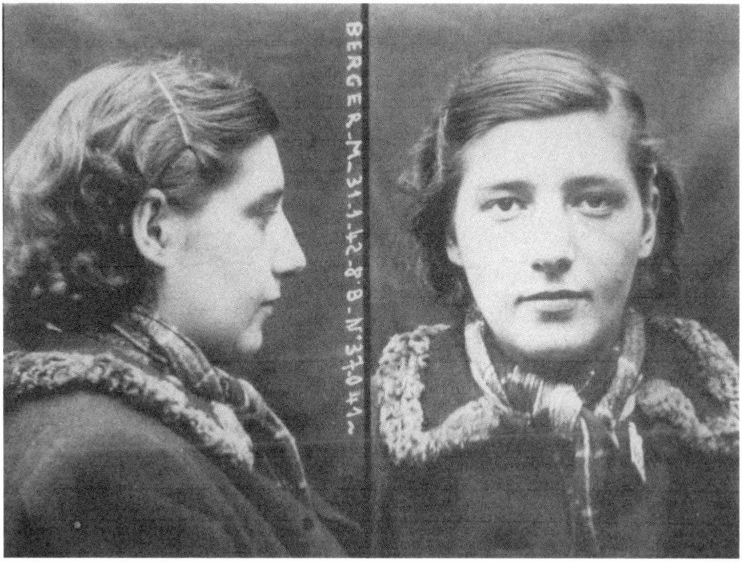

Abb. 4: Polizeifoto vom 31. Januar 1942

geschaltet, den sie in der Gruppe oft durchgespielt haben: mindestens 24 Stunden keine Namen nennen, damit die anderen sich retten können. Möglichst alles, was sowieso schon entdeckt ist, auf sich nehmen.

Pflugfelder lächelt und weist sie darauf hin, dass sie ihre Chance vertue. Dass sich bald Mitarbeiter anderer Behörden mit ihr beschäftigen würden.

Zu Hause in Saint-Étienne bewahrt Melanie ein Erkennungsfoto auf, das ein paar Tage später, Ende Januar 1942, von ihr gemacht wurde. Darauf trägt sie den dunklen Mantel mit dem kleinen pelzbesetzten Kragen und ein Halstuch. Ihr Haar ist sauber gescheitelt, ihr Blick gerade. »Da sah ich noch ganz gut aus«, sagt sie, wobei auf ihrer linken Gesichtshälfte die Spuren von Gewaltanwendung zu erkennen sind.

Ein paar Stunden später schließt sich hinter ihr die Tür des »cachaud«, einer dunklen Kellerzelle im Gefängnis, das ein paar Straßen entfernt liegt. Sie kauert sich auf der Pritsche zusammen, zittert und lauscht dem Getrippel von Ratten. Es fühlt sich an, als ob sie in einem Fahrstuhl auf der untersten Etage stecken geblieben wäre und Licht und Alarmknopf kaputt wären. Wie soll man das aushalten? »Das ist schwer, aber wir haben gewusst, dass so was passieren kann. Ich habe nicht geweint, sondern mir Leute vorgestellt, die es ärger erwischt hat, und gehofft, dass ich es durchhalte und die Gruppe weiter existiert.«

Die Gruppe ist ihr Halt. Einen anderen hat sie nicht. Ob die Eltern noch leben? Sie weiß es nicht. Sie ist eben erst 20 und denkt an die Zukunft, die sie gerade verloren hat – aber nur kurz. Dann schöpft sie Mut: War sie nicht als Kind mit Scharlach im Krankenhaus gewesen, und alle hatten Angst vor den Spritzen gegen Diphtherie? Und hat sie sich damals nicht geschworen: »Du bleibst dabei tapfer und schreist hier nicht herum wie die anderen Kinder«?

Am Morgen, nach kurzem, unruhigem Schlaf, geht es wieder ins Kommissariat. Dort ist inzwischen eine Spezialabteilung aus Toulouse eingetroffen. Sie besteht aus drei Männern, die nun die Verhöre übernehmen. Anfangs hätten sie sich noch »manierlich« benommen, so Melanie.

Wenn sie verrät, wer ihre Verbindungsleute sind und wo die Treffen stattfinden, dann kann sie freikommen und Arbeit und gute Papiere bekommen, heißt es. Pflugfelder, der nur noch zwischendurch erscheint, steckt ihr manchmal etwas Brot zu. Melanie verrät nichts oder variiert nur Bekanntes. Sie beruft sich immer nur auf eine imaginäre Person, von der sie nichts wisse.

Dem Trupp aus Toulouse reicht es bald. Man werde sie den Deutschen ausliefern, heißt es nun. Sie riskiere, gehängt zu werden.

Sieht man vom Eifer dieses Spezialkommandos ab, geht es auf dem Kommissariat noch recht lax zu: Zwischen den Verhören lässt man verhaftete Emigranten bunt gemischt in einem Raum warten, wo Melanie auf einmal Gustav gegenübersitzt. Einen Tag nach ihr ist auch er verhaftet worden. In der Wohnung am Tarn hat die

Polizei auf Gustavs Namen lautende Lebensmittelkarten gefunden und ihn aufgespürt. Die Lebensmittelkarten hatten sie sich bei zwei nächtlichen Einbrüchen in kleinen Gemeindeämtern in der Nähe von Montauban beschafft, bei denen Melanie Schmiere gestanden hatte. Nahrung zu besorgen war für die Gruppe immer schwerer geworden, die Razzien unter den Flüchtlingen hatten zugenommen. Melanie hatte die Blanko-Karten verwaltet, entsprechende Namen darin eingetragen, war für die Gruppe einkaufen gegangen. Aber sie hatte es vor der Durchsuchung nicht mehr geschafft, die Karten zu vernichten.

Nun sitzen Melanie und Gustav zwischen den Polizisten und kennen einander natürlich nicht. Die Beamten sollen die beiden gleich vom Kommissariat ins Gefängnis bringen. Melanie singt leise auf Wienerisch vor sich hin. Das Lied handelt davon, dass sie gleich draußen an einer bestimmten Stelle loslaufen werde und Gustav dann abhauen solle. Wenig später sprintet Melanie draußen dann tatsächlich los, und zwei der Wächter versuchen hinterherzukommen. Da die anderen zwei Wächter ein Stück zurückhängen, nutzt Gustav die Lücke und verschwindet in die Abenddämmerung.

Die Posten wagen nicht zu schießen, die Ecke der Rue de la République ist zu diesem Zeitpunkt noch voller Passanten. An der nächsten Ecke aber werfen die Polizisten Melanie zu Boden. »Die haben geschrien, was das soll«, erinnert sie sich, »und ich habe ihnen gesagt, dass ich mich als Gefangene fit halten muss.«

Die Männer aus Toulouse halten sich nun kaum mehr zurück. Als »kleine Schlampe« bekommt sie beim nächsten Verhör gleich ein paar Ohrfeigen verpasst. Schlafen kann sie kaum noch. Nachts wechseln sich die Männer dabei ab, Melanie mit den immergleichen Fragen zu traktieren: Wer sind ihre Verbindungsleute? Wo halten diese sich auf? Für wen waren die Dokumente bestimmt? Auf den Beinen halten kann sie sich nur noch mit Mühe.

»Irgendwann war ich am Ende. Ich war voller Flöhe und mir lief das Blut an den Beinen runter, weil ich meine Regel hatte.« Wenn sie Essen bekäme, sich waschen und ausruhen könne, bietet Melanie an, würde sie alles erzählen. Darauf seien die Männer eingegangen, und ihr sei es gelungen, sich zu sammeln und »meine Nerven zu meistern«. Sie tankt etwas auf – um weiter zu schweigen. Als sie sich auch noch weigert, das vorbereitete Vernehmungsprotokoll zu unterschreiben, »da haben die mich geschlagen und getreten wie einen Ball«, sagt Melanie. »Ich hab sie angespuckt und in meinem schlechten Französisch gesagt, es sei leicht für drei Männer eine Frau zu schlagen, die sich nicht wehren kann.«

Klingt das nun nicht etwas zu heroisch? Geht hier womöglich ein wenig die Erinnerung mit ihr durch? Nicht unbedingt: In einem Brief ans Innenministerium in Vichy schreibt der Präfekt des Départements Tarn-et-Garonne Ende Januar unter dem Betreff »Aufdeckung einer kommunistischen Organisation«: Melanie Berger sei trotz ihres jungen Alters eine »militante Überzeugungstäterin«, die sich weigere, die Herkunft des gefundenen Materials und Informationen zu Personen preiszugeben.

Georg wird später schreiben, Melanie habe alles auf sich genommen, und selbst Gustav habe ihren selbstlosen Einsatz etwas unheimlich gefunden.

Von diesen Tagen in Montauban sind ihr die chronischen Schmerzen im Nacken geblieben und ihr Schwerbehindertenausweis. Von Folter aber will Melanie nicht sprechen. Die sei später gekommen, als die Deutschen im November 1942 den Süden Frankreichs besetzten, und Folterbeamte wie Klaus Barbie ans Werk gingen.

Nach fünf Tagen wird Melanie in das Gefängnis von Toulouse überstellt. Mit ihr im Polizeiwagen fährt Jeanne Katzenstein, die sie verraten hat. Soll sie ihr das jetzt um die Ohren hauen? Oder nicht eher Georg, der Jeanne in ihre Sache hineingezogen hat? Nein, keine Vorwürfe, Jeanne trifft keine Schuld, noch dazu ist sie noch jünger als sie selbst. Auch Madeleine Goetzmann ist in Haft, es dauert indes bis zum Prozess, bis Melanie sie wiedersieht.

Der Kontakt zu ihren Freunden reißt ab, nicht einmal schreiben darf sie ihnen aus dem Gefängnis. Aber Melanies Verhaftung krempelt auch deren Leben um: Für die Gruppe beginnt das, was Leben im Untergrund genannt wird. Eines in Legalität ist nicht mehr möglich, ihre Namen sind verbrannt. Georg, Gustav und Edith schleichen eines Nachts zwar noch einmal zu der Wohnung am Tarn, brechen sie auf und sichern die Reste ihres Daseins: Bücher, Wäsche, Decken, Geschirr und Zeitungsausschnitte. Aber sie müssen sich dermaßen beeilen, dass sie sogar die Bulletins und die Pistole in dem ausgehöhlten Holzbalken zurücklassen. Melanie und Georg werden die Sachen dort nach dem Krieg noch wiederfinden, kurz nach ihrem Besuch wird das Haus dann abgerissen.

Einige Wochen können sich die drei Davongekommenen bei Bekannten in der Nähe von Montauban verstecken, aber sicher sind sie nicht.

Das Klima der Denunziation ist für kaum eine Gruppe so gefährlich wie für die kleine Zahl der Trotzkisten. Zwar ist der Hitler-Stalin-Pakt längst zerfallen und die Wehrmacht in Russland einmarschiert, aber der Hass auf vermeintliche Abweichler sitzt tief bei den sowjettreuen Genossen. Auch in Montauban finden sich unter den linken Emigranten Informanten, die andere verraten.

Ermittler Pflugfelder zumindest brüstet sich in der Korrespondenz mit seinen Vorgesetzten mit einem Spitzel, der in der Szene »sehr gut platziert« sei, was offenbar stimmt: Georg charakterisiert der anonyme Informant als »Revolutionär mit Haut und Haar, der von einer Mystik der illegalen Arbeit besessen ist«. Ergänzt sind die Informationen nicht nur mit exakten biografischen Daten zu Georg, Edith, ihrer Mutter und Gustav. Auch über Fluchtwege und Aufenthaltsorte ihrer Freunde weiß der Zuträger Bescheid: Ignaz Duhl lebte demnach eine Zeit lang in Montpellier und nutzte das Ehepaar

Buchbaum als Korrespondenzadresse. Jeder Name in den gefundenen Adressbüchern wird nun durchleuchtet, bald zählt die Polizei über zwei Dutzend Leute zu dem angeblichen Netzwerk der Revolutionären Kommunisten. Je mehr Informationen im Kommissariat in Montauban über die Organisation Melanie Berger & Co. zusammenlaufen, desto gefährlicher wird es für die, die noch auf freiem Fuß sind. Sie beschließen, sich aus Sicherheitsgründen zu zerstreuen, nach Lyon, Grenoble, Toulouse und Valence – mit Georg als Reisekader, der die Verbindung zwischen den Zellen halten soll.

13

GEFANGEN

Am 25. März 2022 ist Putins Angriff auf die Ukraine einen Monat her. In der Stadt Wolgograd ist der Stalin-Kult so weit gediehen, dass ein Denkmal für den einstigen Diktator geplant wird – und in Toulouse fragt eine Gymnasiastin Melanie, was die Demokratie von einer Diktatur unterscheide.

Melanie sitzt in einem kleinen Saal des Résistance-Museums. Von draußen fallen Sonnenstrahlen auf das Pult vor ihr. Der Bürgermeister und das Museum haben zu einem Tag mit der österreichischen Widerstandskämpferin eingeladen. Sie ist jetzt 100 und kann dem fünfzehnjährigen Mädchen etwas weiterhelfen: »Ihr könnt hier demonstrieren und endet nicht im Gefängnis«, sagt sie. Der Unterschied sei im Grunde einfach: Diktatur töte.

Das Museum ist neu und befindet sich im mächtigen Eingangstrakt des einstigen Gefängnisses Saint-Michel, in dem Melanie damals interniert war. Der Bau ist eine Trutzburg aus Backstein, Mitte des 19. Jahrhunderts mitten in die Stadt gesetzt, um kurze Wege zu den Gerichten zu ermöglichen.

2009 hatte das alte Gebäude ausgedient, Ersatz erstand auf der grünen Wiese, die Stadt plante den Abriss. Doch da die Bürger protestierten, gibt es nun das Museum, in dem Melanies Lebenslauf neben dem anderer Widerstandskämpferinnen hängt, die in Saint-Michel interniert waren.

Zuerst sei sie mit sechzig Frauen in einem völlig überbelegten kleinen Saal untergebracht gewesen, »mit Prostituierten, Mörderinnen und allem«, erzählt sie den Schülerinnen und Schülern. Das sei zwar besser gewesen als Isolationshaft, aber auch nicht sehr

Abb. 5: Eingang des Gefängnisses Saint-Michel in Toulouse (1929)

komfortabel. Nachts hätten sie auf Strohmatratzen gelegen, »eng wie Sardinen«.

Für die Notdurft habe es eine »tinette« gegeben, einen Kübel, den sie nur zu bestimmten Zeiten leeren durften und der nie gereicht habe. »Viele waren krank und hatten Durchfall, es sah deshalb nicht ganz so appetitlich aus.« Pipi hätten sie in Schuhe gemacht und den Inhalt zum Fenster hinausgeschüttet, das so hoch lag, dass eine Gefangene eine andere auf die Schultern nehmen musste und oft die Hälfte danebenging.

Melanie ist gut in Form an diesem warmen Frühlingstag. Den Bogen von Putin zu Hitler hat sie fast nebenbei gespannt: Krieg nicht Krieg, sondern Spezialoperation zu nennen, das erinnere an die »Tarnsprache« der Nazis, in der das Töten »Sonderbehandlung« hieß. Nun sind die Schüler dran. Ihre Fragen kreisen im Grunde um die eine große Frage: Was hat sie angetrieben, ihr Leben zu riskieren, ehe es richtig begonnen hatte?

Abb. 6: Inhaftierte bei der Wäsche (1929)

Gibt es dafür eine Erklärung, weiß sie es selbst? Oder ist so etwas Instinkt oder Affekt, der bei einem schneller durchbricht als bei anderen? Gründe zu widerstehen gab es jedenfalls genug. »Nein sagen, wenn es ungerecht wird« ist einer davon. Sollte sie sich von Emporkömmlingen mit Hakenkreuzarmbinde sagen lassen, welcher Menschentyp genehm war und welcher verschwinden musste? Sollte sie sich von Deutschen drangsalieren lassen, wenn sie nicht einmal Deutsche war? »Ex-Autrichienne« sei sie gewesen, ein kleiner, aber feiner Unterschied, auf dem sie immer bestanden hat. Reicht das nicht? Die Schüler jedenfalls scheinen gut versorgt mit Antworten.

Melanie will auch keine Nabelschau. Längst nicht alle Brüche und Bitterkeiten breitet sie auf ihren Vorträgen aus. Vieles erspart sie den Schülerinnen und Schülern. Und sich. Lange schaffte sie es nicht, die Erinnerung in Schach zu halten. Nach dem Krieg saß sie in ihren Träumen noch über Jahre in den Gefängnissen fest. Manchmal überwältigten sie Flashbacks auch am Tag: Als sie nach einer Operation aus der Narkose erwachte, mussten die Ärzte sie festschnallen, weil sie schrie, sie wolle nicht zurück in die Zelle. Bei einer Besichtigung des einstigen Gestapo-Gefängnisses Montluc in Lyon begann sie beim Anblick der Einzelzellen so zu zittern, dass sie sich ein Taxi rufen ließ und abreiste. Aber das hat sich gelegt. Sie hat sich eine Version gebaut, die sie nachts schlafen lässt.

Kurz nach ihrer Ankunft in Toulouse im Februar 1942 hält Melanie sich schon wieder nicht an die Spielregeln für Gefangene und landet in einer dunklen Arrestzelle. Das erzählt sie nach dem Gespräch mit den Schülern beim Rundgang durch den Zellentrakt, der anlässlich ihres Besuchs geöffnet wird. Auf Luftaufnahmen sieht der Trakt aus wie ein riesiger fünfzackiger Stern. In dessen Mitte liegt der frühere Wachbereich, von dem aus die Wärter wie in einem Panoptikum in alle Bereiche blicken konnten. Der nordwestliche Strahl des Sterns war der Frauentrakt, in dem Melanie untergebracht war.

An diesem Tag steigt sie über alte Zeitungen und Konservendosen und steuert auf einen Durchgang zu, der in den zugewachsenen Sträflingshof führt. Hier habe sie damals einen Wasserhahn entdeckt, sagt sie. Sie habe sich nackt ausgezogen, um sich zu waschen, aber das war verboten. Wild gestikulierend sei eine Wärterin angerannt gekommen und habe sie abgeführt. Die eine Nacht in der Arrestzelle hat Melanie nicht mehr abgeschreckt: Beim nächsten Hofgang wiederholt sie das Ritual und landet wieder in der Zelle. Beim dritten Mal ziehen sich neben ihr plötzlich zwei andere Frauen aus, und dann stehen immer mehr nackt im Hof, und die Wärterinnen bekommen Angst und schließen den Duschraum auf. Mit ihrer Figur, sagt eine der Prostituierten, die sich neben ihr wäscht und ihre Brüste anblickt, könnte sie draußen viel Geld machen.

Es ist ein kleiner Erfolg im elenden Gefängnisalltag – und noch etwas mehr: Melanie, eben noch das kleine Mädchen aus Österreich, hat jetzt einen gewissen Stand unter den Inhaftierten. Ihr Name zirkuliert im Gefängnis. Einmal schicken ihr die Freunde in einer

Walnussschale 500 Francs, die entdeckt werden. Angesichts der recht hohen Summe vermutet der Direktor in Melanie eine Widerstandsgröße, bestellt sie zu sich und wird ganz rücksichtsvoll: Er verspricht, das Geld nicht zu beschlagnahmen, sondern für sie zu verwahren. Sie wird davon ab und zu Lebensmittel bestellen können.

Zusammen mit anderen politischen Häftlingen erreicht Melanie bald, von den Kriminellen getrennt zu werden. Der Zellenwechsel wird dadurch beschleunigt, dass sich eine »Politische« aus Verzweiflung vom Dach des Gefängnisses stürzt. Sie überlebt und erholt sich, als sie erfährt, dass ihr verschollen geglaubter Mann am Leben ist. Aber die Gefängnisleitung bekommt kalte Füße: Wenn sich eine Gefangene, die täglich Post und mehrmals in der Woche Pakete und Besuch erhält, schon das Leben nehmen will, wie sieht es dann in den anderen Frauen aus?

Um die Lage zu entspannen, werden also »die Politischen« separiert. In Melanies Zelle befinden sich außer Jeanne und ihr noch eine Italienerin, eine Polin und Melanie Ernst, eine fast fünfzigjährige Kommunistin aus Wien, die ebenfalls in Montauban festgenommen wurde. Zusammen organisieren sie Sprach- und Geschichtskurse, die sich in dem Moment erledigen, als ihnen eine stämmige Landarbeiterin mit zweifelhaftem Geisteszustand zugewiesen wird. Anfangs legt sie nachts nur heulend Schuldeingeständnisse ab, schreit ein wenig und singt die Internationale. Etwas später beginnt sie jedoch damit, sich mit Sicherheitsnadeln ihre starken Krampfadern aufzutrennen und den Wärtern gegenüber die anderen Frauen zu beschuldigen, sie verletzt zu haben. Schließlich schafft sie es sogar, Melanie aus der Fassung zu bringen: Sie nennt sie eine Verräterin, denunziert sie bei den Aufsehern, petzt, dass sie verbotenerweise Fotos bei sich habe – und irgendwann rastet Melanie aus: Wenn einer ihrer Freunde durch ihre Schuld verhaftet werde, sagt sie ihr, sei sie des Todes. Die Frau reißt sich daraufhin Nägel und Haare aus, bekommt Morphiumspritzen, die kaum helfen, und lässt keine der Frauen in der Zelle mehr ruhig schlafen. Der ganze Spuk dauert Wochen. In dem engen Raum wird es so bedrückend, dass die Frauen eines Tages beschließen, so lange nicht vom Hof in ihre Zelle zurückzukehren, bis die Unberechenbare von ihnen getrennt wird. Da nun auch der alarmierte Direktor sieht, wie die Frau sich aus Wut draußen im Hof auf Melanie stürzen will, wird sie separiert.

Eigentlich soll es nun mit der Bildungsarbeit weitergehen, aber die hat Melanie Ernst an sich gerissen, eine wenig kompromissgeneigte Stalinistin. Melanie wird nach dem Krieg noch mit ihr zu tun bekommen, aber vorerst gerät sie im Gefängnis mit der erfahrenen Parteisoldatin aneinander. Eine geplante Zeitschrift scheitert an den politischen Gegensätzen, die auch die gemeinsame Haft nicht glätten kann. Der Inhalt der Pakete, die die Frauen bekommen und der lange unter den Gefangenen geteilt wurde, geht nun oft an den paar Trotzkistinnen vorbei. Sie seien von den Stalinistinnen auf den »Index« gesetzt worden, notiert Jeanne Katzenstein später in ihren auf achtundzwanzig Schreibmaschinenseiten festgehaltenen Erinnerungen.

Das alles passiert drinnen.

Und draußen? Sieht es für Georg und Gustav in ihren Verstecken nicht viel besser aus. Auch sie sitzen fest, ohne Ausweise sind sie bewegungsunfähig. Ohne Papiere riskieren sie bei jeder der immer rigideren Kontrollen, inhaftiert zu werden. Karl Fischer und Ignaz Duhl organisieren deshalb Ausweise in Lyon, kommen damit nach Montauban und stöbern ihre Freunde auf. Karl und Ignaz sind bereits Franzosen, auf dem Papier. Nun müssen Georgs und Gustavs Passbilder in die präparierten Ausweise geklebt und die Stempelränder darauf nachgezeichnet werden. Das Ergebnis der Bastelei ist nicht berühmt, eine Lebensversicherung sieht anders aus.
Um künftig über die Runden zu kommen, müssen sie sich dringend mit besseren Dokumenten versorgen.

Noch gibt es keine zentral kontrollierte Einwohnerkartei, keine »Carte d'identité de Français«, die einen minutiös einzuhaltenden

Ausstellungsprozess vorsieht, den Vichy mithilfe der Präfekturen überwachen will. Der vermeintlich fälschungssichere Ausweis ist allerdings auf dem Weg: Pétains Plan dafür steht schon fest, auch ein entsprechendes Gesetz ist bereits seit 1940 in Kraft, bloß der Staatsapparat scheint etwas träge bei der Umsetzung. Oder etwas unwillig? Erst 1943 werden die ersten neuen Pässe ausgestellt. Noch können Georg und die Freunde Blanko-Personalausweise in jedem Bureau de Tabac kaufen und auf den Bürgermeisterämtern nach Überprüfung von Geburtsschein und Familienbuch gültig stempeln lassen. Theoretisch. Nur: Was ist mit ihrem Akzent? Und woher bekommen sie die übrigen Dokumente?

Die Lösung liefert Arthur Streicher. Er war auf einem Ohr ertaubt aus der Fremdenlegion zurückgekehrt und hatte über Deckadressen Kontakt zu seinen Freunden aufgenommen. Arthur schlägt einen Einbruch im Rathaus von Saint Julien vor. Er kennt sich dort aus, in dem kleinen Städtchen nordöstlich von Aix-en-Provence arbeitet er als Maurer. Georg zögert, aber Karl, Gustav und vor allem Lotte Israel sind dafür. Die einundzwanzigjährige zierliche Magdeburgerin mit den dunklen Locken und dem strengen Blick ist neu bei ihnen, aber nicht neu im Widerstand: Bereits 1938, als die Nazis ihre Mutter und sie im Zuge der »Polenaktion« nach Osten deportierten, konnten beide vom Zug springen und entkommen. Sie tauchten bei Verwandten unter und flohen wenig später über Belgien nach Südfrankreich, wo sie im Oktober 1940 in einem Lager in der Nähe von Toulouse interniert wurden. Vier Monate später gelang Lotte die Flucht, und sie verdingte sich über ein Jahr lang als Magd auf einem Bauernhof zwischen Montauban und Toulouse – bis zu diesem Frühsommer 1942, in dem die Judendeportationen beginnen. Da taucht sie unter. Den Deutschen in die Hände fallen will sie nicht noch einmal. Sie will auch nicht auf die nächste Razzia warten, der in Paris um diese Zeit ihr Vater zum Opfer fällt, der vom Sammellager Drancy nach Auschwitz deportiert wird. Registrieren lässt sie sich nirgends. Einen Judenstern tragen wird sie nie. Die Deutschen hatten dies für alle in Frankreich lebenden Juden ab sechs Jahren am 29. Mai 1942 zur Pflicht gemacht, wobei Vichy diesen Befehl nicht umsetzte.

Lotte wird den Schmuck, den ihre Mutter ihr im Lager mitgab, weit unter Wert verscherbeln und sich Lebensmittelmarken und gefälschte Papiere dafür besorgen.

Es muss im Sommer 1942 gewesen sein, als sie in der Gegend von Toulouse auf Georg trifft, die Gruppe kennenlernt und gemeinsam mit ihr die Operation in Saint Julien plant.

Der Einbruch ins Rathaus gelingt, wobei sie lieber von Expropriation sprechen, das klingt legitimer, und schon Marx hatte derlei schließlich ins Gespräch gebracht. Die Gruppe hat jetzt nicht nur Gemeindestempel, sondern sitzt auch auf einem Berg an Geburts- und Taufscheinen, Familienbüchern und Lebensmittelkarten. Mit einigen Retuschen wird aus dem südfranzösischen Saint Julien ein Ort im Norden Frankreichs, was bei Kontrollen den leichten Akzent der Genossen erklären würde.

Noch besser: Arthur Streicher hat sich seinen Kriegsversehrtenausweis dreimal ausstellen lassen, in Marseille, Toulouse und Lyon. Der Ausweis bescheinigt dem Inhaber, im Dienst für Frankreich verwundet worden zu sein, erzeugt bei den Kontrolleuren einige Ehrfurcht und macht mobil: Zugfahrscheine gibt es damit zu 75 Prozent ermäßigt. Die zwei überschüssigen Ausweise erhalten Gustav und Georg.

Georg ist fortan oft mit einem Stock unterwegs. Intuitiv wird er ein Greis.

Wenn Leute flüchten, harrt er aus. Hört er Polizeibefehle, zieht er ein Bein nach. Werden Menschen verhaftet, bleibt ihm nichts anderes übrig, als teilnahmslos an ihnen vorbeizuhumpeln. Er sei ein »Künstler der Konspiration« gewesen, der die Besatzungszeit »auf wundersame Weise durchschritten« habe, wird die Historikerin Cécile Denis schreiben, die einzige Wissenschaftlerin, die zu den Revolutionären Kommunisten publiziert hat.

Keiner aus der Gruppe ist so viel unterwegs wie Georg. Wenn möglich, trägt er einen Anzug, aus dem er wegen der mangelnden Ernährung ein wenig herausfällt. Nicht immer reist er als Versehrter, er wechselt seine Identitäten. Mal heißt er Jacques Hubert, mal Martin Bucher, öfter Georges Lagrange – Beruf: Musiker. Mit einer Mischung aus Fatalismus und schlafwandlerischem Instinkt passiert er Kontrollen oder entgeht den Verfolgern. Und schnappen sie ihn, hat er Glück, wie in einer Sommernacht 1942, als er mit Karl von Polizisten in Lyon angehalten wird: Ihre Papiere werden nicht angezweifelt. Die Polizisten raten ihnen nur, das nächste Mal vorsichtiger zu sein, wenn sie sich mit ihrer gaullistischen Zelle träfen.

Woher kommt diese diskrete Sympathie mancher Staatsdiener? Liegt sie an dem Gefühl, dem Land keinerlei Gehorsam mehr schuldig zu sein? Diesem Reststaat, dessen neuer starker Mann Pierre Laval den Deutschen ab dem Frühling 1942 im Übersoll beweist, dass sie sich auf ihn als Ministerpräsidenten besser verlassen können als auf den alten Marschall Pétain. Überall im Süden splittern nun Türen, werden Juden auf Lastwagen verladen und deportiert.

Wie es Melanie und den beiden anderen Frauen geht, wissen sie nicht. Sie können ihnen zwar Post ins Gefängnis schicken, aber es kommt keine zurück. Es wird noch Monate dauern, bis sie Kontakt zu ihnen bekommen.

Aus Melanies Zelle wird Jeanne Katzenstein entfernt und in ein französisches Lager gebracht. Warum nur sie, fragt sich Melanie. Findet sich nicht auch in ihren eigenen Polizeiakten ein Hinweis auf ihre israelitische Abstammung? Hat sie ihr permanentes Pochen darauf, sie sei »Ex-Autrichienne«, vor einem Transport bewahrt? Sie findet keine Erklärung. Auch wie es mit ihr selbst weitergeht, weiß sie nicht. Wann der Prozess beginnt, bleibt im Dunkeln. Aber dass die brutalen Razzien viele Franzosen empören, bekommt sie selbst im Gefängnis mit. Sie hört von tagelangen Streiks. Sie sind die Reaktion auf Lavals Gesetz, Franzosen zur Arbeit in Deutschland verpflichten zu können, was der Résistance einen Massenzulauf beschert.

Es war etwas im Gange. Wahrscheinlich wäre Melanie richtig euphorisch geworden, wenn sie von der Demonstration am 14. Juli in Marseille gewusst hätte: An diesem Tag, dem Nationalfeiertag, demonstrieren auf der Canebière, der Lebensader der Stadt, etwa 1500 Menschen und skandieren »À bas Laval« und »Ouvrez les prisons«.

Das Jahr 1942 dreht einiges um, auch die Revolutionären Kommunisten. Sie ändern ihre Taktik, treten aus dem Schatten ins Licht. Sie sitzen am Abziehgerät, aber nicht mehr nur, um sich selbst und ihre Getreuen mit Bulletins zu beglücken, sondern um Flugblätter herzustellen und sie an Arbeiter und Soldaten zu verteilen – deutsche Soldaten, denn die besetzen am 11. November 1942 Südfrankreich, als Antwort auf die Landung der Alliierten in Nordafrika.

Georg pendelt jetzt pausenlos zwischen den verschiedenen Standorten der Gruppe, schläft in Hotels oder bei den Genossen. Die Texte der oft zweisprachigen Flugblätter sind für Scheuer'sche Verhältnisse erstaunlich kurz, ohne freilich auf das nötigste revolutionäre Rüstzeug zu verzichten: Imperialistischer Krieg Hitlers – nicht in eurem Interesse – unterstützt die Arbeiter! Das Drucken übernimmt Edith Kramer in Valence. Sie wohnt dort mit ihrem französischen Freund und wähnt sich einigermaßen sicher. Soldatenarbeit betreibt sie auch – das ist der Versuch, durch zwanglose Gespräche mit Wehrmachtsangehörigen diejenigen zu finden, die vertrauenswürdig sind, und sie mit Material zu bestücken. Die Tätigkeit ist riskant: Bei der Konkurrenz der österreichischen und deutschen Kommunisten übernehmen meist junge jüdische Genossinnen die sogenannte »Mädelarbeit« und lassen Untergrundzeitschriften wie den *Soldat im Westen* oder den *Soldat am Mittelmeer* unter deutschen Soldaten zirkulieren. Etliche der Frauen werden dabei verhaftet und später deportiert.

Für Melanies Gruppe ist Ignaz Duhl in Marseille. Er soll dort die Soldatenarbeit organisieren.

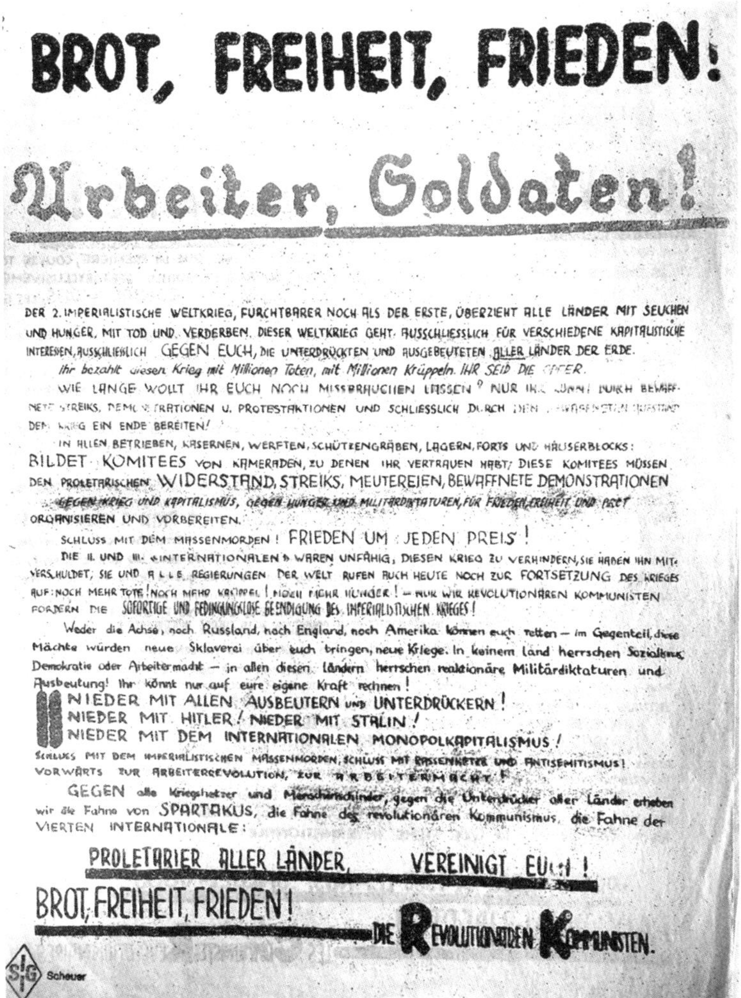

BROT, FREIHEIT, FRIEDEN!

Arbeiter, Soldaten!

DER 2. IMPERIALISTISCHE WELTKRIEG, FURCHTBARER NOCH ALS DER ERSTE, ÜBERZIEHT ALLE LÄNDER MIT SEUCHEN UND HUNGER, MIT TOD UND VERDERBEN. DIESER WELTKRIEG GEHT AUSSCHLIESSLICH FÜR VERSCHIEDENE KAPITALISTISCHE INTERESSEN, AUSSCHLIESSLICH GEGEN EUCH, DIE UNTERDRÜCKTEN UND AUSGEBEUTETEN ALLER LÄNDER DER ERDE.

Ihr bezahlt diesen Krieg mit Millionen Toten, mit Millionen Krüppeln. IHR SEID DIE OPFER.

WIE LANGE WOLLT IHR EUCH NOCH MISSBRAUCHEN LASSEN? NUR IHR [illegible] DURCH BEWAFFNETE STREIKS, DEMONSTRATIONEN U. PROTESTAKTIONEN UND SCHLIESSLICH DURCH DEN [illegible] DEM KRIEG EIN ENDE BEREITEN!

IN ALLEN BETRIEBEN, KASERNEN, WERFTEN, SCHÜTZENGRÄBEN, LAGERN, FORTS UND HÄUSERBLOCKS: BILDET KOMITEES VON KAMERADEN, ZU DENEN IHR VERTRAUEN HABT! DIESE KOMITEES MÜSSEN DEN PROLETARISCHEN WIDERSTAND, STREIKS, MEUTEREIEN, BEWAFFNETE DEMONSTRATIONEN *GEGEN KRIEG UND KAPITALISMUS, GEGEN HUNGER UND MILITÄRDIKTATUREN, FÜR FRIEDEN, FREIHEIT UND BROT* ORGANISIEREN UND VORBEREITEN.

SCHLUSS MIT DEM MASSENMORDEN! FRIEDEN UM JEDEN PREIS!

DIE II. UND III. »INTERNATIONALEN« WAREN UNFÄHIG, DIESEN KRIEG ZU VERHINDERN, SIE HABEN IHN MITVERSCHULDET, SIE UND ALLE REGIERUNGEN DER WELT RUFEN AUCH HEUTE NOCH ZUR FORTSETZUNG DES KRIEGES AUF: NOCH MEHR TOTE! NOCH MEHR KRÜPPEL! NOCH MEHR HUNGER! – NUR WIR REVOLUTIONÄREN KOMMUNISTEN FORDERN DIE SOFORTIGE UND BEDINGUNGSLOSE BEENDIGUNG DES IMPERIALISTISCHEN KRIEGES!

Weder die Achse, noch Russland, noch England, noch Amerika können euch retten – im Gegenteil, diese Mächte würden neue Sklaverei über euch bringen, neue Kriege. In keinem Land herrschen Sozialismus, Demokratie oder Arbeitermacht – in allen diesen Ländern herrschen reaktionäre Militärdiktaturen und Ausbeutung! Ihr könnt nur auf eure eigene Kraft rechnen!

NIEDER MIT ALLEN AUSBEUTERN UND UNTERDRÜCKERN!
NIEDER MIT HITLER! NIEDER MIT STALIN!
NIEDER MIT DEM INTERNATIONALEN MONOPOLKAPITALISMUS!

SCHLUSS MIT DEM IMPERIALISTISCHEN MASSENMORDEN, SCHLUSS MIT RASSENHETZE UND ANTISEMITISMUS! VORWÄRTS ZUR ARBEITERREVOLUTION, ZUR ARBEITERMACHT!

GEGEN alle Kriegshetzer und Menschenschinder, gegen die Unterdrücker aller Länder erheben wir die Fahne von SPARTAKUS, die Fahne des revolutionären Kommunismus, die Fahne der VIERTEN INTERNATIONALE:

PROLETARIER ALLER LÄNDER, VEREINIGT EUCH!

BROT, FREIHEIT, FRIEDEN!

DIE REVOLUTIONÄREN KOMMUNISTEN.

Scheuer

Abb. 7: Flugblatt der Revolutionären Kommunisten (vermutlich Anfang 1943)

Karl und Gustav bewegen sich zwischen Lyon und Grenoble. In Lyon, wo sie auch mit Gaullisten und Sozialisten zusammenarbeiten, platzieren sie ihre Flugblätter in Parks, Kinos oder Toiletten, die von Wehrmachtsangehörigen besucht werden.

Manchmal riskiert es Karl, die Zettel über Kasernenmauern zu schleudern. Grenoble, wo er unter falschem Namen an der Universität eingeschrieben ist, dient beiden als Rückzugsort. Es liegt in der schmalen, italienisch besetzten Zone, wo milderes Klima herrscht: Die italienischen Polizisten nehmen es mit der Verfolgung von Antifaschisten nicht so genau wie ihre französischen Kollegen.

Bald taucht in ihren Flugblättern eine neue Forderung auf – die Freilassung politischer Gefangener.

14

IM RÄDERWERK

Melanies Verhandlung im November 1942 vor dem Militärtribunal in Toulouse findet unter Ausschluss der Öffentlichkeit statt. Zuständig für den Fall ist Staatsanwalt Pierre Lespinasse, Leiter der »Section Speciale«, die staatsfeindliche Aktivitäten verfolgt. Der fast glatzköpfige Mann, ein Liebhaber von Kunst im Kleinformat, hat mit großer Geste auf dem Ausschluss von Zuhörern bestanden: Derartige Verhandlungen seien eine Gefahr für die öffentliche Ordnung und die guten Sitten. Artikel 87 Zivilprozessordnung.

Kurz zuvor hat Melanie Madeleine wiedergesehen, die ebenfalls in Montauban wegen der Sache mit der Schreibmaschine verhaftet worden war. Als die beiden in das schlossähnliche Gerichtsgebäude geführt werden, erschrickt Melanie: Jeanne Katzenstein ist auch da, kahl geschoren und abgemagert. Aber heilfroh. Hinter ihr liegt Härteres als diese Verhandlung. Noch in Montauban hatte ihr Vater über einen Anwalt erreichen können, dass sie aus dem Gefängnis in ein Lager verlegt wurde, doch die erhoffte Erleichterung war das nicht gewesen. Im Gegenteil.

Jeanne erzählt Melanie später, wohin sie überall verfrachtet wurde, listet Lager auf, ein halbes Dutzend. In Rivesaltes, einem Komplex von den Ausmaßen einer Kleinstadt mit Blick auf das Mittelmeer, war sie in die erste Deportationswelle geraten. Die Aufseher hatten die Juden dort schon zusammengetrieben, als es ihr gemeinsam mit einem Mann gelungen war, sich in dem Zwischendach einer Baracke zu verstecken. Dort hielten sie es acht Tage aus, bis sie sicher waren, dass alle Juden abtransportiert waren. Die im Lager verbliebenen Spanier entdeckten sie schließlich, versorgten sie und boten ihr an, sie gegen Bezahlung hinauszuschmuggeln, was Jeanne ablehnte. Sie wurde von der Polizei in eine Arrestzelle des Lagers gesperrt und später ins Camp de Noé südlich von Toulouse transferiert. Dort rasierte man ihr nach einem Ausbruchsversuch die Haare ab. Ihre letzte Station war das Lager Gurs an den Ausläufern der Pyrenäen. Es fiel dort schon Schnee, als sie nach Toulouse zurückverfrachtet wurde.

Sie ist dem deutschen Tod entkommen. Und jetzt also soll sie noch ein paar Jahre dazubekommen.

Wer immer die drei jungen Frauen bei dem Prozess sieht: Was die drei ausgezehrten Gestalten so gefährlich gemacht haben soll, wird nur schwer vorstellbar sein. Laut Anklageschrift ist es ihre »kommunistische und anarchistische Aktivität«, die das »nationale Interesse« geschädigt habe. Das Dokument stützt sich auf Notverordnungen der Vorkriegsmonate und ein Dekret vom August 1941. Eine Kopie der Anklageschrift, so ist mit Schreibmaschine am Rand festgehalten, soll der deutschen Polizei übermittelt werden, »a remettre à la Police Allemande«.

Melanie hört hier zum ersten Mal, dass sie nicht nur Parolen der Dritten Internationale verbreitet, sondern auch deren Führer bei sich empfangen haben soll. »Der Staatsanwalt erklärte in seiner Rede, dass wir weitaus gefährlicher seien als die Stalinisten, und dass daher trotz meiner Jugend eine Höchststrafe notwendig sei.« So steht es in einem Artikel Melanies, den sie im Februar 1944 für ein Bulletin ihrer Gruppe schreiben wird.

In ihrem Urteil folgen die Richter dem Plädoyer des Scharfmachers Lespinasse: Madeleine wird zu fünfzehn Monaten Gefängnis verurteilt, Jeanne zu drei Jahren. Melanie bekommt fünfzehn Jahre. Worüber sie auch noch lacht, sehr zur Empörung des Gerichts und schon lange bevor dies im Zuge der '68er-Verfahren unter Studenten Mode werden sollte.

Dabei könnte sie heulen: Sie ist 21 und hat es nun auch schriftlich, dass ihr Leben auf lange Sicht aussichtslos ist.

ARRET DE LA SECTION SPECIALE DE LA COUR D'APPEL DE TOULOUSE

EN DATE DU 18 DECEMBRE 1942

-:-:-:-:-:-:-:-:-:-:-:-:-:-

COUR D'APPEL GREFFE TOULOUSE

MINISTERE PUBLIC

C/

BERGER MELANIE ET

AUTRES.

-:-:-:-:-:-:-:-:-:-:-

PRESENTS : MM. ESCUDIER, Président

BOUBES)
(Conseillers.
THABAUT)

-:-:-:-:-:-:-:-:-:-:-

Sur la procédure instruite à Toulouse contre :
1°- la nommée BERGER Mélanie, fille de Abraham et de SALOMON Eugénie, âgée de vingt-un ans, née le 8 octobre 1921 à VIENNE, AUTRICHE, profession de corsetière, célibataire, demeurant à MONTAUBAN, Quai Docteur LAFFARGUE, n° 3, de nationalité ex-autrichienne, détenue ....

Après citation à comparaître, en présence du Ministère Public,

La Cause appelée, les prévenus présents, BERGER, GOETZMANN et MELIN, détenus, KATZENSTEIN, non détenuen dans leur interrogatoire d'identité ;

Monsieur LESPINASSE, Avocat Général, a requis qu'il plaise à la Section Spéciale de la Cour d'Appel ordonner que les débats auront lieu à huis clos ;

Maîtres MESSAUD, DE MAULDE, VEHRNES, et CAZENAVE, avocats des prévenus, ont déclaré ne pas s'y opposer ;

La Section Spéciale après avoir délibéré, a rendu l'arrêt suivant :

Vu l'article 87 du Code de Procédure Civile,

Attendu que s'il est de principe d'ordre publiq que les débats judiciaires doivent avoir lieu publiquement, il doit être fait exception à cette règle toutes les fois que la publicité de ces débats peut offrir quelque danger au point de vue de l'ordre ou des bonnes mœurs ;

Attendu que le danger existe dans l'espèce,

Par ces motifs,

Statuant publiquement, et faisant droit aux réquisitions du Ministère Public,

Ordonne que dans cette affaire les débats auront lieu à huis clos ;

- 3 -

relevant de cette II° Internationale ou d'organismes contrôlés en fait par cette II° Internationale, notamment en remplissant les fonctions de secrétaire d'une organisation communiste et anarchiste, en recevant chez elle les dirigeants, en constituant la documentation, rédigeant et tapant les tracts à la machine, etc.........

.....

Attendu que ces faits tombent sous l'application de l'article trois du décret du vingt six septembre mil neuf cent trente neuf, et la loi du quatorze août mil neuf cent quarante et un, décret du vingt quatre juin mil neuf cent trente neuf,

Par ces motifs,

Condamne Berger Mélanie à quinze ans de travaux forcés et vingt ans d'interdiction de séjour ;

....

Condamne les prévenus solidairement aux dépens liquidés à la somme de mille sept cent cinquante deux francs vingt centimes ;

Le tout par application des textes précités et des articles 52, 55 du Code Pénal, 194 du Code d'Instruction Criminelle, lus à l'audience et transcrits.

Réduit la durée de la contrainte par dorps au minimum déterminé par l'article neuf de la loi du 22 juillet 1867, modifié par l'article 19 de la loi du 30 décembre 1928, fixe celle-ci à quatre mois.

-:-:-:-:-:-:-:-:-:-:-

Abb. 8: Das Urteil gegen »Melanie Berger und andere« vom 18. Dezember 1942

Pierre Lespinasse ruiniert viele Leben auf ähnliche Weise. Er gilt als Archetyp des vorbildlichen Kollaborateurs. Er statuiert Exempel, um die Bevölkerung auf Linie zu halten. Wenige Monate nach Melanies Verhandlung wird er für den Widerstandskämpfer Marcel Langer, einen »vaterlandslosen Kommunisten«, die Todesstrafe fordern, die auch vollstreckt wird. »Sie sind Jude, Pole und Kommunist, drei Gründe für mich, Ihren Kopf zu fordern«, sagt ihm Lespinasse ins Gesicht. Am 10. Oktober 1943 wird der Staatsanwalt von einem Résistance-Kommando auf dem Weg zur Kirche erschossen. Bis zur Befreiung wird danach kein Richter aus Toulouse mehr die Todesstrafe verhängen.

Im Gefängnis ist es für Melanie jetzt ein ständiges Auf und Ab zwischen Euphorie und völliger Frustration. Bei der öffentlichen Urteilsverkündung Mitte Dezember 1942 hat sie Georg gesehen. Er hat ihr zugenickt, worüber sie vor Freude fast an die Decke gesprungen wäre. Und vor Hoffnung. Im nächsten Moment aber sagt sie sich: Was kann er schon ausrichten? Sie hört von der Landung der Alliierten in Nordafrika und der großangelegten Gegenoffensive der Roten Armee, aber was hat sie davon? All das ist sehr weit weg, und in Südfrankreich zumindest scheinen sich die Deutschen immer stärker breitzumachen.

In den nächsten Wochen geschehen zwei Dinge, die für Melanie Folgen haben werden. Das eine ist der Besuch eines jungen Wehrmachtsoffiziers, der offenbar Listen von Gefangenen deutscher Herkunft abarbeitet. Da sich das Vichy-Regime größer angelegten Auslieferungen noch widersetzt, müssen die Deutschen fallweise operieren und Inhaftierte zur freiwilligen Heimkehr überreden. Sie sei doch eine Deutsche, fängt der Uniformierte höflich an, da sei es doch besser, sie sei frei in der Heimat. Melanie sieht ihn an, seinen ordentlichen Scheitel, die Schirmmütze in seiner Hand, mit dem Adler und dem Hakenkreuz in seinen Fängen – und sagt dann, sie sei lieber im Gefängnis in Frankreich als frei in Deutschland. Sie macht ihm klar, dass sie erstens einmal Kommunistin sei – und was sie zweitens und drittens sei, das sagt sie dann lieber nicht, aber es wird recht schnell deutlich, dass sie lieber bleiben will, als ins »Dritte Reich« zu reisen. Bitte, wie sie wolle, sagt der Mann und verabschiedet sich.

Vom zweiten Besuch hört sie nur einige zackige Befehle, aber dieser wird sie noch eine Weile beschäftigen. Die forschen Ansagen kommen von einem SS-Mann, der in Begleitung von zwei Gestapo-Kollegen in das Zuchthaus einmarschiert und die Herausgabe einer französischen Gefangenen fordert, die offenbar seine Geliebte ist. Der Auftritt dauert nur ein paar Minuten, dann ziehen die drei Männer mit der Frau von dannen, vorbei an dem eingeschüchterten Gefängnispersonal.

Funktioniert so etwas nicht auch mit ihr? Der Gedanke lässt Melanie nicht mehr los. Was bleibt ihr denn übrig, wenn die Deutschen schon bis in die Gefängnisse kommen? Madeleine war schließlich schon mit einem Bein draußen. Auch Jeannes Haftende schien absehbar, nur ihr eigenes Urteil war wie ein Grabstein. Sie musste einen Ausbruch riskieren.

Dazu allerdings braucht sie die Freunde, die nicht erreichbar sind.

15

EINGEMAUERT IN MARSEILLE

Am 2. Februar 1943 wird es unruhig im Gefängnis Saint-Michel. »Die Politischen« sollen nach Marseille überstellt werden, auch Melanie, Madeleine und Jeanne. Sie dürfen ihre Sachen packen, zumindest das, was seit ihrem Einzug davon übrig ist. Melanies 500 Francs, oder zumindest der Rest davon, das angeblich gut verwahrte Geld, ist so gut verwahrt, dass es niemand mehr findet.

Sie fahren in einem normalen Zug, in dem ein Abteil für die Gefangenen reserviert ist. Polizisten bewachen sie. Mit Handschellen ist Melanie an Madeleine gekettet, eine handfeste junge Frau, die ihre Freilassung vor allem als sexuelle Rückkehr ins Leben sieht – wobei Georg, von dem Melanie ihr einiges erzählen wird, eine gute Option für sie scheint.

Am Nachmittag stehen die Frauen dann am Bahnhof Marseille-Saint-Charles und beginnen zu singen, auch die Internationale, was soll ihnen schon groß passieren? Eisenbahnarbeiter zeigen sich solidarisch, winken ihnen zu, besser können sie doch kaum empfangen werden.

Im Pritschenwagen geht es zum Gefängnis Les Baumettes südlich der Stadt. Sie kommen am Alten Hafen vorbei, über dessen nördlichem Viertel Le Panier Rauchwolken hängen. Die Deutschen sind gerade dabei, es in Schutt und Asche zu legen. Die Bevölkerungsstruktur passt ihnen nicht – zu viele Immigranten aus Italien und Korsika, zu viele Vichy-Gegner, zu viele schmale Gassen, die schlecht zu kontrollieren sind. Der Reichsführer-SS, Heinrich Himmler, will den »Saustall Europas« trockenlegen und ordnet die Zerstörung an. Bereits im Januar werden 25 000 Menschen aus ihren Wohnungen getrieben und über 1000 von ihnen direkt deportiert. Seit dem

Abb. 9: Außenmauer des Gefängnisses Les Baumettes in Marseille (um 1940)

1. Februar nun sind Wehrmachtsbataillone dabei, die ersten von insgesamt 1500 Häusern mit Dynamit in die Luft zu jagen, wobei sie alles andere als Unmenschen sind: In einem aufwendig bebilderten Beitrag in der NS-Postille *Signal* ist damals zu sehen, wie die rührenden Sprengmeister vorher noch Katzen aus den Häusern evakuieren.

Der Weg zum Gefängnis führt durch die Rue Paradis, vorbei an der Villa mit der Nummer 425, dem Gestapo-Hauptquartier mit Folterkeller. Bald wird dort SS-Obersturmführer Ernst Dunker Listen zusammenstellen und Jagd auf Widerstandskämpfer machen. Marseille halbwegs legal mit Papieren zu verlassen, wie es zu Vichy-Zeiten noch vielen Emigranten gelungen war, ist nicht mehr möglich.

Der Kleinlaster mit den Frauen biegt im Vorort Mazargues an der Kirche in den Chemin de Morgiou ein. Es ist mild, und es riecht nach den Kiefern, die hier am Weg stehen. Das Meer ist ganz nah.

Manchmal wird Melanie glauben, es aus der Zelle hören zu können. Nur sehen wird sie es nie.

Ganz kurz kann sie noch einen Blick auf die lange Außenmauer werfen, die sich den Hügel hinauf zieht, der hinter der Kuppe zum Meer abfällt. Dann schließt sich das grüne Gefängnistor hinter ihnen.

Vier Jahre ist der mächtige Bau erst alt, aber durch seine Lücken und Ritzen sind die Mäuse längst in die Zellen gekrochen und in die Vorratssäcke der Küche, weshalb sich immer wieder ihre Exkremente in der Verpflegung finden. Das Essen ist noch schlechter als in Toulouse, Melanie wird sich in den nächsten Monaten oft übergeben.

Aber erst einmal ist sie ganz aus dem Häuschen, denn sie teilt ihre neue Zelle nicht nur mit Jeanne, sondern auch mit Marguerite Usclat, die sie vier Sommer zuvor mit Georg hier in Marseille besucht hat. Die Lehrerin ist zusammen mit ihrem Mann im Juni 1942 während der ersten großen Verhaftungswelle gefasst worden. Marguerite hilft in Les Baumettes in der Gefängnisleitung. Die Zellenbelegung konnte sie arrangieren. Die drei verstehen sich blendend: Marguerite gibt den anderen beiden Geografie-Stunden, Jeanne unterrichtet Spanisch, und Melanie ist für die täglichen Gymnastik-Übungen zuständig. Verglichen mit Toulouse kommt ihr das Innenleben in Marseille wie eine Erlösung vor.

Draußen steigt der Verfolgungsdruck. Seit der Sprengung des Panier-Viertels werden Razzien in Marseille zum Alltag, die paramilitärische französische Miliz geht ihren Gestapo-Kollegen hilfreich zur Hand. Deutsche Polizeieinheiten beginnen damit, die Gefängnisse systematisch nach politischen Häftlingen zu durchkämmen.

Für Jeanne und Melanie wird es eng. Die Freunde erwägen Rettungsversuche. Arthur Streicher haben sie bereits verloren. Nach einer Rückreise aus Paris war er verhaftet worden. Aus einem Durchgangslager kann er noch an eine Deckadresse in Lyon schreiben und seine Freunde informieren, dann verliert sich seine Spur.

Georg beginnt zu recherchieren. Er erkundigt sich bei französischen Genossen in Marseille nach zuverlässigen Leuten, die im Umfeld des Gefängnisses arbeiten. Dann pendelt er wieder zurück nach Grenoble, wo er nun mit der inzwischen entlassenen Madeleine als Monsieur und Madame Delas wohnt. Als ihr fiktiver Bruder François hatte er bei Madeleines Enthaftung für ihre Anständigkeit bürgen müssen, was sie ihm nun inbrünstig zurückzahlt.

An einem Tag im Frühsommer teilt die Aufseherin Melanie mit, sie habe die Möglichkeit, Schmutzwäsche abzugeben. Die bekäme sie dann gewaschen zurück, sie solle aber auf einem Zettel notieren, welche Stücke sie abgebe. Melanie ahnt, wer den Sonderservice eingefädelt hat. Georg konnte Kontakt zu einer Genossin im Krankenhaus knüpfen, die mit der Versorgung der dort eingelieferten Häftlinge zu tun hat und Verbindungen ins Gefängnis unterhält. Der Zettel mit der Liste der Kleidungsstücke gelangt zu Georg. Und er kann entziffern, was Melanie mit der Geheimtinte und dem kleinen Kristall, den sie immer bei sich trägt und der nie entdeckt worden ist, noch notiert hat: Holt mich heraus, es ist möglich. Es sind nur kurze Ansagen, die sie aufgeschrieben hat, sie orientiert sich an dem Auftritt des SS-Mannes im Gefängnis von Toulouse. Wichtig seien Uniformen, Gestapo-Leute, die sie zum Verhör holen – und alles müsse in der Mittagspause zwischen zwölf und dreizehn Uhr stattfinden.

Dieser Sommer ist die Zeit, in der die Gestapo beginnt, im Gefängnis Les Baumettes vorzusprechen, um einzelne Häftlinge zu verhören. Die Zeit, in der es Zeit wird.

Doch Melanies Freunde zögern. Können Sie wirklich deutsche Polizei spielen? Ist so etwas nicht ein Himmelfahrtskommando? Georg wird später in seinem Buch die interne Zerreißprobe beschreiben: Ignaz Duhl sei gegen das Wagnis gewesen, man müsse Melanie verloren geben. Gustav habe geschwankt. Und Lotte habe die wankelmütigen Männer als »Schlappschwänze« beschimpft.

Wenn jemand damals den Lauf der Dinge gedreht hat, dann sie, diese schmale junge Frau mit den scharfen Gesichtszügen und dem fast fatalistischen Mut, gegen die Nazis anzugehen, die ihre Eltern und ihre Jugend auf dem Gewissen haben.

Lotte kennt Melanie nicht. Für ihr Überleben könnte sie entscheidend gewesen sein.

Geholfen hat wohl auch Georgs Glaube an seinen Instinkt. Womöglich sein Hang zu ritterlichen Taten. Jedenfalls schwört er die Gruppe ein: Eine Gemeinschaft sei nichts wert, wenn sie im entscheidenden Augenblick ihre Mitglieder hängen lasse.

Und Jeanne? War sie nicht auch irgendwie Mitglied, hatten sie nicht auch Verantwortung für sie? Die Zweiundzwanzigjährige wird jetzt im Gefängnis oft zum Übersetzen gerufen, wenn die Deutschen vorsprechen und sie spürt, wie sich die Schlinge um sie alle zuzieht. Von Melanie ist sie in den Befreiungsplan eingeweiht. Die Idee der Gruppe ist, beide herauszuholen. Doch Hinweise darauf, ob auch Jeannes Flucht vorbereitet wurde, finden sich nirgends. Melanie sei ruhig und optimistisch gewesen, schreibt Jeanne später in ihren Erinnerungen. Eine eigene Fluchtoption erwähnt sie nicht. War sie selbst nach ihrem gescheiterten Ausbruchsversuch aus dem Lager zu zögerlich, noch einmal ins Risiko zu gehen? Oder hatte sie doch darauf gesetzt, mit zu flüchten? Wie es auch gewesen sein mag: Der Grund, warum die ganze Aktion an ihr vorbeilaufen sollte, war ein anderer.

Zunächst kommt im Juli durch den Sturz Mussolinis neue Hoffnung auf. Der inhaftierte italienische Diktator wird zwar einige Wochen später von einem SS-Kommando in den Abruzzen befreit, aber die kleine Republik von Salò, die er vom Gardasee aus befehlen darf, ist nur noch eine Staatsattrappe unter deutscher Aufsicht.

Im Gefängnis dürfen die Frauen nun nicht mehr nur Post empfangen, sondern auch versenden, allerdings nur an die Familie. Melanie schreibt an: Eugenie Berger, poste-restante, bureau de poste principal, Grenoble. Unter dem Namen hat sie bereits einen Brief bekommen – nicht von ihrer Mutter, sondern von Georg. Er hat auch dafür gesorgt, dass ihre Antworten bei ihm landen. Auf dem Hauptpostamt in Grenoble gibt es jemanden, der Melanies Briefe für ihn abfängt. Sein Post-Genosse Charles Béreaux in Lille hat den Kontakt hergestellt.

Neben der etwas komplizierten Kommunikation via Wäschezettel gibt es nun einen offiziellen Postweg, der allerdings der Gefängniszensur unterliegt.

In Grenoble lebt auch Heinz Abosch, der für die geplante Aktion unverzichtbar wird. Abosch, Typ früher Existenzialist, längeres nach hinten gekämmtes dunkles Haar, nahezu perfektes Französisch, war bereits 1933 mit seinen jüdischen Eltern aus Deutschland geflohen. Georg und Karl hatte er 1938 auf der grotesken Gründungskonferenz der Vierten Internationale bei Paris kennengelernt. In Grenoble lebt er bei einem Ingenieur, der bis spät in der Nacht seinen Liebeskummer vor ihm ausbreitet, ihn aber wegen der Kontrollen morgens um sechs schon wieder vor die Tür schickt, wo er sich hinter Mauern oder in Hausfluren versteckt, bis genügend Menschen auf der Straße sind. Ihm selbst, so beschreibt es Abosch später, sei zu der Zeit längst alle trotzkistisch-marxistische Dogmatik fremd geworden. Bei Georg hingegen hätten die alten »Kurzschlüsse« noch gezündet. So mancher sei seiner geschliffenen Sprache und seinem Wiener Charme erlegen.

In Grenoble geht es nun indes nicht um Überzeugungen, sondern ums Überleben. Heinz Abosch ist schon länger in der privaten Ausweisfabrikation tätig. Er hat den Ruf eines brillanten Tüftlers, dessen Dokumente Meisterarbeiten sind: Für Gustav fertigt er einen Ausweis, der ihm die Mitarbeit beim SD bescheinigt, des Sicherheitsdienstes der SS. Melanie bereitet er einen Blanko-Personalausweis vor, eine Carte d'identité.

Das Wichtigste dabei ist der Stempel, essenzieller Ausdruck amtlicher Legitimität. In den äußeren Ring jedes Passstempels sind die verantwortliche Behörde und der Ort eingestanzt, im inneren Kreis sitzt die Freiheitsgöttin auf einem Thron. Die Göttin kontrollsicher nachzuzeichnen, war kaum möglich. Abosch hatte es lange probiert, mit Tusche, Holzschnitzereien und Kartoffeldruck, es funktionierte nicht. In einem Hinterhofladen hatte er für fiktive Firmen kleine runde Stempel bestellt und durch Umstellung einiger Buchstaben dann immerhin den äußeren Ring des Stempels gut fälschen können. Das Problem blieb die Göttin – bis zu dem Tag, an dem die mürrische Alte aus dem Laden für einen Moment im Hinterzimmer verschwand und er in einem Karton auf dem Ladentisch drei Stempel mit der Göttin entdeckte. Abosch steckte sie ein, bezahlte seine Bestellung und verschwand.

Nun präpariert er Georg einen Stempel für Melanies neue Carte d'identité. Das Ergebnis ist noch besser als die damals gestohlenen Stempel in Saint Julien, bei denen sie wegen ihres Akzents noch den Ausstellungsort ändern mussten. An den Papieren zumindest wird die Aktion kaum scheitern. Über einiges andere sehen sie erst einmal großzügig hinweg.

16

ENTKOMMEN

Sie wollen als Gestapotrupp auftreten, Melanie herausverlangen, ein kurzes Scheinverhör inszenieren und sie dann auf die Kommandantur abführen – alles unterlegt mit deutschen Befehlen, die keine Chance lassen für Nachfragen. Das ist der Plan, der Termin: Freitag, 15. Oktober 1943, mittags.

Sie haben einen deutschen Wehrmachtssoldaten für die Aktion gewinnen können, von dem nichts bekannt ist, nicht einmal ein Name. Nur sein Mut. Sein Passbild wird später in Georgs Buch abgedruckt werden, das ist alles. Außerdem verfügen sie über ein paar Papiere aus dem Prozess, garniert mit gefälschten Gestapo-Stempeln.

Ansonsten haben sie nicht viel, genau genommen erschreckend wenig. Ein Wagen fehlt. Georg will in Zivil kommen.

Gustav hatte ihn noch bekniet, sich von Heinz Abosch einen SD-Ausweis ausstellen zu lassen. Auch Ignaz Duhl ist entsprechend präpariert. Aber Georg verlässt sich lieber auf seine scheinbar bombensichere Nummer mit dem Krückstock und der Baskenmütze, diesmal immerhin in einem fast perfekt sitzenden Jackett.

Für Lotte, die als deutsche Zivilbeamtin fungiert, war nicht einmal eine richtige Hakenkreuzbrosche aufzutreiben. Als sie Freitagfrüh im Gefängnis vorspricht, um die Lage zu erkunden, einen strengen Blick aufsetzt und nach deutschen Gefangenen fragt, baumelt an ihrer Bluse zwar ein Hakenkreuz, aber es ist aus goldenem Reklamepapier zurechtgeschnitten. Wirkung erzeugt es dennoch: Der diensthabende Beamte lässt sofort Jeanne als Übersetzerin rufen, die von Melanie eingeweiht ist. Sie berichtet Lotte, dass Melanie mit Fieber und Gelbsucht im Gefangenentrakt des Krankenhauses

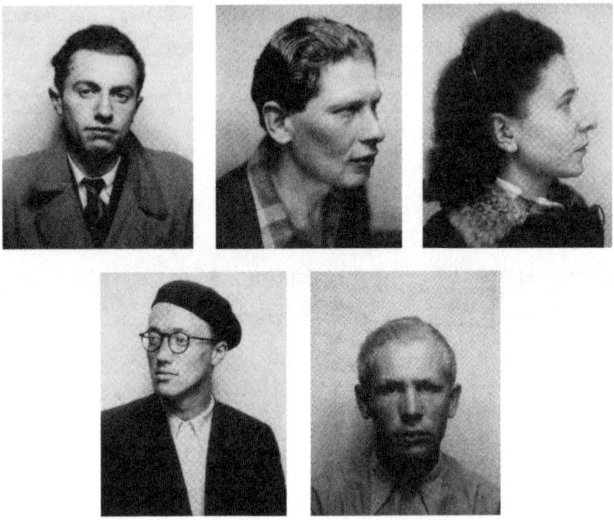

Abb. 10: Die Beteiligten der Befreiungsaktion in Marseille vom 15. Oktober 1943: Ignaz Duhl, Gustav Gronich, Lotte Israel, Georg Scheuer und der deutsche Soldat

La Conception liegt. Und gibt ihr auf Deutsch noch zu verstehen, sie müssten sich beeilen. Dann entfernt sich Lotte, die auch ihre Retterin hätte sein können, und Jeanne bleibt zurück.

Der Gruppe bleiben nur wenige Stunden, um ihren Plan zu ändern.

Um zwölf Uhr hält ein Taxi vor dem mächtigen Krankenhausbau. Die drei Milizionäre, die in der Nähe des Eingangs stehen, scheinen von den fünf Personen, die dem Wagen entsteigen, nicht weiter Notiz zu nehmen. Der Fahrer ist eingeschüchtert und verspricht zu warten. Die große Eingangshalle ist leer, der Empfangsschalter unbesetzt. Während die vier anderen sich unauffällig verteilen und die Aushänge oder die Hausordnung lesen, geht Georg in den obersten Stock. Genossin Denise, die auch die Wäscheaktion eingefädelt hatte, hat ihn am Morgen noch instruieren können, dass dort die Gefangenen liegen. Auf dem obersten Gang sieht Georg drei dösende Polizisten sitzen, vor ihnen stehen Rotweingläser. Er macht kehrt und gibt unten das Startsignal.

Von oben aus ihrem Zimmer hört Melanie plötzlich, wie deutsche Befehle durch das Treppenhaus gebellt werden. Sie weiß von der Aktion, aber einen Moment ist sie nicht sicher, ob es die Gestapo-Leute sind, die auf dem Gang ein Verhörzimmer eingerichtet haben, oder ihre Freunde. Als Ersten sieht sie Gustav Gronich, blond gescheitelt, in Zivil, mit schwarzer Aktenmappe. Dahinter: Ignaz Duhl, mit Schlips und Aktentasche, gefolgt von dem Wehrmachtssoldaten, der eine Hand an seiner Dienstpistole hat. Georg hält sich im Hintergrund. An den irritierten Polizisten ist die Vorhut schon vorbei, Gustav ruft Melanies Namen.

Vor ihr fängt er sofort mit einem Kurzverhör an, blickt dabei in seine Notizen und sagt allen Ernstes Sätze wie: »Sag ihnen, mein Handwerk ist Wiedervergeltung, Rache ist mein Gewerbe. Ich fühle eine Armee in meiner Faust«. Schillers Räuber. Gustav scheint das passend zu finden, und Melanie muss sich zwingen, nicht zu lachen. Gleich darauf verlangt er die sofortige Einvernahme der Gefangenen.

Lotte übersetzt in schrillem Ton und in radebrechendem Französisch. Die herbeigeeilten Krankenschwestern sind entsetzt über die Aktion und wollen Melanie schützen. Georg schreibt später von einem »bizarren Menschenknäuel«, das sich gebildet habe und in dem der Protest gegen die Deutschen angeschwollen sei.

Von Gustav, dem Wortführer, wird ein Papier gefordert, quasi eine Quittung für Melanie, was er lautstark ablehnt: Die Gefangene werde nach dem Verhör zurückgebracht. Melanie wird ein Mantel gereicht, weil sie nur ein Nachthemd trägt, dann packt Gustav sie am Arm und das Menschenknäuel bewegt sich die Treppen hinunter. Draußen wird sie von Gustav und Ignaz ins wartende Taxi gestoßen, die Gendarmen notieren sich das Kennzeichen, die Krankenschwestern fluchen auf die »Boches«.

Und die drei Milizionäre am Eingang salutieren gehorsam.

Im Taxi fallen Wochen der Anspannung von ihnen ab. Sie sprechen wenig, müssen konzentriert bleiben. Es geht zur Canebière, dem zentralen Boulevard. Melanie ist unglaublich glücklich und unfassbar erschöpft. Sie hat hohes Fieber, schwebt durch einen Nebel der Erleichterung. Noch Jahre später, als eine Historikerin sie einmal dazu befragt, wird sie kaum Worte dafür finden: »Ich war noch nicht so gewiss, was da eigentlich geschieht.«

Der Wagen hält, der Fahrer wird bezahlt, die sechs zerstreuen sich sofort: Georg bleibt bei Melanie und schleppt sie in ein extra angemietetes kleines Hotelzimmer, wo sie sich waschen und umziehen kann. Er hat auch ein Päckchen mit Wasserstoffperoxid besorgt, damit Melanie sich zur Tarnung die Haare blondieren kann. Vor lauter Hektik lösen sie das Pulver so hoch dosiert in Wasser auf, dass sie nicht nur blonde Strähnen bekommt, sondern Flecken auf ihrer Haut und ein Problem mit ihren Haaren, die lange nicht richtig nachwachsen.

In einem Fotoautomaten machen sie ein Passbild für den neuen Ausweis. Georg klebt das Bild hinein und drückt den vorbereiteten Stempel auf das Dokument. Bei dem Feld für Hautfarbe trägt er säuberlich »jaunâtre« ein, gelblich. Das ist kaum zu übersehen.

Dann sitzen sie im Zug. Ihr Ziel ist Lyon. Vorsichtshalber fahren sie aber erst einmal nach Dijon, sie werden die ganze Nacht unterwegs sein und viermal den Zug wechseln. Und meist sitzen sie auch nicht, sondern stehen, um sich bei Kontrollen zur Not entfernen zu können.

Melanie kann sich kaum auf den Beinen halten. Georg glaubt dennoch, ihr gerade jetzt noch eine Neuigkeit überbringen zu müssen: sein Verhältnis mit Madeleine.

Sie haben sich fast zwei Jahre nicht gesehen, und ausgerechnet jetzt kommt er ihr mit dieser Offenbarung, im Zug? Melanie ist zu schwach, um sich aufzuregen. Es wäre auch nicht ihre Art. Sie blickt an ihm vorbei, fixiert das Toilettenschild und bemüht sich, nicht wegzusacken. Seine geschraubten Erklärungen nimmt sie kaum wahr: Eifersucht hält Georg für etwas Bürgerliches. Sie dagegen hätten sich doch Ehrlichkeit und Offenheit geschworen, womit er offenbar offene Beziehungen meint. Georgs Gerede läuft offenbar auf eine Sache zu dritt hinaus.

Melanie kippt vielleicht gleich um, aber so viel ist ihr noch ganz klar: Auf ein unwürdiges Liebesdreieck mit dem beidseitig bebalzten Georg möchte sie lieber verzichten.

Schlafen werden sie nie wieder miteinander. Aber sie werden auch keine Feinde. Wie soll sie diesem Kerl denn wirklich böse sein? Außerdem haben sie noch einige Dinge zu erledigen. Gemeinsam.

17

ZU SICH KOMMEN

Ohne Kontrollen, aber erst am nächsten Morgen, erreichen sie Lyon. Melanie friert, obwohl dieser 16. Oktober 1943 ein warmer Tag wird, fast 20 Grad. Am Ziel sind sie noch immer nicht. Um den Unterschlupf zu erreichen, müssen sie erst die Straßenbahn nehmen, bis zur Endstation an der Saône. Dort hakt Georg Melanie unter und zieht sie die Gassen in Richtung Croix-Rousse hinauf, den Hügel, auf dem ein ganzer Stadtteil steht. In ihren Füßen hat sich Wasser angesammelt, das Gehen wird zur Qual. Auf halbem Weg müssen sie ein unbewohntes Stiegenhaus hinauf, an das sich ein höher gelegener kleiner Innenhof anschließt. Es sieht aus wie in einer verlassenen Burg, kaum ein Mensch kommt hier vorbei. An einer Seitentür klopft Georg. Lotte und Gustav öffnen und umarmen sie. Beide sind direkt aus Marseille nach Lyon gefahren. Melanie sagt ihnen, sie hätten ihr den schönsten Tag ihres Lebens bereitet.

Was nicht ganz zu dem Feiertag passt, ist das etwas gruselige Geheimlokal, es kommt ihr noch düsterer vor als die Gefängniszelle. Utensilien zur Flugblattherstellung kann sie erkennen – und, endlich, eine Liege. Bewacht von den anderen schläft sie bald ein.

Sie schläft in einer Stadt, die als Zentrum der Résistance gilt. Und der Repression. Nur gut zwei Kilometer von ihrem Unterschlupf entfernt ist im Juni Jean Moulin festgenommen worden. Er hatte sich mit Vertretern von Libération Sud, Combat und der Armée secrète getroffen, wichtiger Widerstandsgruppen, doch ein Spitzel hat sie an die Gestapo verraten.

Deren Chef, Klaus Barbie, residiert in der Suite 68 des Hôtel Terminus. Er mischt sich gern unter Passanten, begleitet von seinem

Schäferhund »Wolf«, der sich auf einen Wink seines Herrchens hin auf Verdächtige stürzt. Barbie jagt bevorzugt Juden und hat in Lyon Folterkeller einrichten lassen, in denen sich auch schlagwütige französische Milizionäre austoben. Doch in seiner Hotelsuite legt er auch selbst Hand an: Er drückt dort Zigaretten auf den Körpern von Häftlingen aus, lässt Kinder hungern oder nackte Frauen bis zur Bewusstlosigkeit prügeln und dann von Hunden missbrauchen. Und mitunter spielt er dazu auf einem Klavier im Nebenzimmer Chopin, wie sich die gefolterte Résistance-Kurierin Lise Lesèvre später erinnern wird.

Auch eine andere Frau ist jetzt, Mitte Oktober 1943, in den Fängen der Gestapo in Lyon: Edith Kramer aus ihrer Gruppe. Wenige Wochen zuvor, an einem Abend Ende August, war sie auf der Rhône-Brücke in Valence festgenommen worden. Edith, inzwischen blond gefärbt, hatte sich dort mit einem deutschen Soldaten getroffen und ihm Material zugesteckt, was von zwei Gestapo-Männern beobachtet worden war. Eine Scheinerschießung in Valence, bei dem ihr einer der Verhörspezialisten die Pistole auf die Brust gesetzt und bis drei gezählt hatte, damit sie ihre Komplizen nennt, liegt bereits hinter ihr. Nun sitzt sie als vermeintliche Verräterin im berüchtigten Lyoner Gestapo-Gefängnis Montluc.

Aber das weiß Melanie noch nicht. Das weiß noch keiner aus der Gruppe.

Eine Woche vor ihrer Befreiung ist Melanie 22 Jahre alt geworden. Schon an diesem Tag hatte sie hohes Fieber, aber sie wollte die Zelle in Marseille nicht verlassen, weil sie täglich mit der Befreiungsaktion ihrer Freunde rechnete. Irgendwann ging es nicht mehr. Sie wurde immer gelber und musste ins Krankenhaus.

Und nun wird es nicht besser. Was sie auch isst, erbricht sie. Ihr Körper kapituliert. Gesund werden kann sie in dem muffigen Unterschlupf kaum.

Der Ausweg sind die Jacquins, ein Ehepaar, das im nahen Viertel Croix-Rousse wohnt und Melanie aufnimmt. Sie gehören zu dem

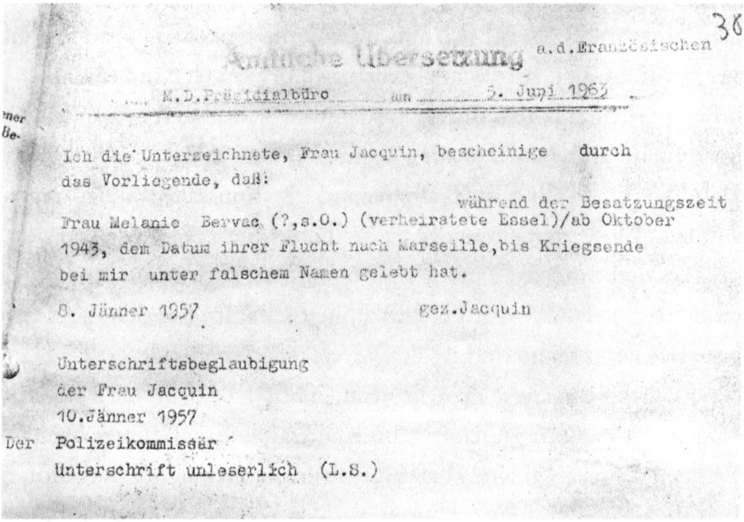
Amtliche Übersetzung a.d.Französischen 36

M.D.Präsidialbüro am 5. Juni 1963

Ich die Unterzeichnete, Frau Jacquin, bescheinige durch das Vorliegende, daß:

während der Besatzungszeit Frau Melanie Bervac (?,s.O.) (verheiratete Essel)/ab Oktober 1943, dem Datum ihrer Flucht nach Marseille,bis Kriegsende bei mir unter falschem Namen gelebt hat.

8. Jänner 1957 gez.Jacquin

Unterschriftsbeglaubigung
der Frau Jacquin
10.Jänner 1957
Der Polizeikommissär
Unterschrift unleserlich (L.S.)

Abb. 11: Übersetzte Bestätigung von Madame Jacquin. Melanies falsche Papiere waren auf den Namen »Bervac« ausgestellt; den Namen »Essel« trug Melanie nach der Heirat mit ihrem ersten Mann.

Netz von französischen Freunden, das sich die Gruppe aufgebaut hat, während Melanie im Gefängnis saß. Die Jacquins sind stille Helfer. So still, dass Melanie sich nicht erinnert, mit Monsieur Jacquin mehr als einige Worte gewechselt zu haben. Sie überlassen ihr und Lotte ein kleines Appartement in ihrem Wohnblock, das sie zusätzlich gemietet haben. Madame Jacquin wird Melanie nach dem Krieg für einen Antrag auf Opferfürsorge bestätigen, dass sie ab Oktober 1943 bei ihr untergetaucht ist.

Noch wichtiger für Melanie wird allerdings der Hausarzt der Jacquins, der ihre Leber wieder in Ordnung bringt, ohne Medikamente. Das Einzige, was sie bekommt, sind Kalziumspritzen. Ansonsten sind ihr nur gekochte Kartoffeln und Möhren erlaubt.

Dennoch dauert es Wochen, bis sie wieder richtig auf die Beine kommt. Irgendwann beginnt sie mit Spaziergängen, aus Vorsicht erst einmal nur spätabends, nach der Ausgangssperre um zweiundzwanzig

Uhr. Lotte und Gustav, der in der Nähe untergekommen ist, begleiten sie. Eine Zeit lang waren sie ein Paar. Der Bedächtige und die Impulsive. Ihre Retter, deren Beziehung nicht hielt, was Melanie wenig wundert.

Lotte, die Mutige, die Getriebene. So kommt sie Melanie zumindest vor. Auf Kurierfahrten, die sie mitunter zusammen machen, sieht sie Lotte ganz plötzlich ins Gespräch mit fremden Männern verwickelt. Für Melanie, ganz kühle Taktikerin, undenkbar. Und gefährlich. Doch vielleicht sind solche Regelbrüche Lottes Art, die eigene Nervosität, die Verzweiflung im Zaum zu halten. Vielleicht helfen ihr Grenzüberschreitungen dabei, diese Zeit zu überleben. Einige Monate werden die beiden jungen Frauen in Lyon zusammenleben. Sie werden kaputte Kleidung flicken – Melanie, die Miedermacherin, und Lotte, die Schneiderin, die ihre Lehre in Magdeburg abbrechen musste, weil ihre Meisterin vor den Nazis nach Portugal geflohen war. Sie helfen einander und kommen gut aus, enge Freundinnen werden sie nicht.

Ein Bild von Lotte fehlt in Melanies Fotosammlung in Saint-Étienne. In dem Stapel alter Adressbücher findet sich kein einziger Kontakt von ihr. Nach dem Krieg, erinnert sich Melanie, sei sie irgendwann einfach weg gewesen.

In den Nächten von Lyon, in denen sie nun im Herbst 1943 zu dritt unterwegs sind, zeigen Gustav und Lotte ihr die »Traboules«. Es sind die versteckten Gänge, Innenhöfe und Häuserpassagen im Viertel, mit denen man Wege abkürzen, Strecken abseits der Straße zurücklegen und den deutschen Besatzern entkommen kann. Einige der miteinander verbundenen Passagen sind römischen Ursprungs, andere haben die Seidenweber gebaut, um ihre Tücher trocken durch die Stadt transportierten zu können. Das Gewirr von Gängen im Croix-Rousse gefällt Melanie. Das Viertel gilt als Bastion der Résistance.

Georg befindet sich unterdessen bereits in Paris, wo Madeleine ein Zimmer mieten konnte. Beide sind immer noch als Ehepaar Delas unterwegs.

Vernetzt sind sie dort inzwischen recht gut, doch ihre Gruppe wird immer kleiner.

Auch Karl Fischer ist festgenommen worden. Als Melanie ihre nächtlichen Trainingsrunden absolviert, befindet er sich in einem Pariser Polizeigefängnis. Für französische Genossen hat er zuvor in einer waghalsigen Aktion einen Gestapo-Beamten gespielt, was so unglaubwürdig war, dass französische Polizisten ihn festnahmen. So zumindest beschreibt es später sein Biograf Fritz Keller. Von seiner Verhaftung kann er seine Freunde über eine Deckadresse in Lyon unterrichten. Mehrere Monate geht Karl in der Haft als Elsässer Emil Berger durch. Der entsprechende Pass ist gut gearbeitet, sein Französisch inzwischen fast fehlerfrei. Im Juni 1944 allerdings wird er durch einen Spitzel in seiner Zelle enttarnt, kommt elf Tage in Dunkelhaft und verrät schließlich seinen Namen. Er verlässt Frankreich, wie er eingereist ist: In einem Viehwaggon. Richtung Deutschland.

Ein paar Monate nach Melanies Befreiung erwischt die Gestapo auch Ignaz Duhl. Womöglich hat ihn ein Wehrmachtssoldat denunziert, der ihn aus Wien kannte, Genaueres über seine Verhaftung ist nicht bekannt. Bevor sich seine Spur in Marseille verliert, gelingt es ihm noch, einen Kassiber auf Französisch aus dem Gefängnis zu schmuggeln, der erhalten ist. Er ist kodiert geschrieben, es ist der wohl letzte Brief seines Lebens. Auch »Nelly« erwähnt er darin. Seine Skepsis ihr gegenüber scheint verflogen, er lobt sie nun sogar. Sie arbeite deutlich besser als eine gewisse »Thea«, schreibt er, »ich finde sogar ziemlich gut«.

Melanie hat ihre Arbeit wieder aufgenommen, diese »kleine Sache«. Sie ist Kurierin, Lyon–Paris wird ihre Strecke. Sie ist ein Rädchen im Widerstandsgetriebe und läuft wie geschmiert.

Material ist genug da: Wo immer Georg sich aufhält, tippt er wie ein Aufziehmännchen gegen den Krieg, die Nazis und die Stalinisten an – und Melanie sorgt für die diskrete Verteilung des Materials.

Auch für die Résistance ist sie unterwegs. Für wen genau, weiß sie nicht. Den Inhalt ihrer Päckchen und Koffer kennt sie nicht einmal. Sie stellt auch keine Fragen. Meist vermittelt Georg ihr die Aufträge, und sie läuft los.

Widerstand, das ist für ihresgleichen vor allem eine dauernde Reise unter permanenter Anspannung. Die meiste Zeit verbringt sie in Zügen, Bussen oder ist zu Fuß unterwegs. In Paris läuft sie wie ferngesteuert zu den Treffpunkten. Es gibt eine Zeit, einen Ort. Sie trägt als Erkennungszeichen eine Zeitung unterm Arm und übergibt jemandem Material. Oder deponiert es. Und sie nimmt einen anderen Weg zurück.

Dutzende kleiner und größerer Touren unternimmt sie, wobei sie keinen Schimmer hat, wozu genau ihre Tätigkeit führt.

Sie sei ein »kleiner Tropfen« gewesen, sagt sie rückblickend – in der wachsenden Welle des Widerstands.

Ein Tropfen, der den deutschen Stein höhlt. Sie fährt in Zügen, die von den Alliierten bombardiert werden, weil viele deutsche Soldaten in ihnen sitzen, auf der Rückreise vom Unternehmen Großdeutschland. Manchmal sitzt Georg einige Waggons weiter, und sie haben Nudelpackungen mit Flugzetteln im Gepäck, um sie in Paris zu vervielfältigen – wobei das Gepäck immer in anderen Abteilen reist als sie selbst. Einmal müssen sie auf offener Strecke aussteigen, weil der Zug bombardiert und quasi in der Mitte zweigeteilt wurde. Ein deutscher Feldwebel ist schon dabei, Melanie zu durchsuchen und gemächlich abzutasten, aber bis zu der mit Flugzetteln präparierten Konserve in ihrem Rucksack kommt er nicht mehr. Sein müder Gefährte hat Hunger und will weiter.

Wenn Melanie in die Gesichter der deutschen Soldaten blickt, sieht sie keine Siegesgewissheit mehr, sondern Erschöpfung. Oder Angst?

18

GEFANGEN IN FREIHEIT

Im Frühsommer 1944 verlässt Melanie Lyon und reist mit Lotte und Gustav nach Paris. Die Westalliierten sind in der Normandie gelandet, das Kriegsende wollen die drei in der Hauptstadt erleben. Es scheint ihnen dort irgendwie näher zu liegen. Lotte wird sie bald aus den Augen verlieren, Gustav zeitweise, aber nie ganz.

Über Kontakte der Gruppe kann sie ein kleines Dienstbotenzimmer im 19. Arrondissement beziehen.

Noch scheinen die Deutschen fest im Sattel zu sitzen. Noch läuft dank der Besatzungstruppen das Bordellgeschäft auf Hochtouren, noch werden Menschen deportiert und Straßen abgeriegelt – wie ihre, als Melanie an einem Morgen vor ihrer Bäckerei steht. An beiden Enden sperren Soldaten die Gasse ab und kontrollieren jeden, den sie fassen können. Junge Männer werden auf Kleinlaster verladen, um sie als Zwangsarbeiter in deutsche Rüstungsbetriebe zu schicken. Ortsansässige Frauen werden freigelassen, aber Melanie muss mit aufs Kommissariat. Sie kommt laut ihren Papieren aus Limoges und heißt Melanie Bervac, was nun überprüft wird. Diese Frau gibt es wirklich. Sie ist eine Genossin, hat der Gruppe ihren Ausweis überlassen und sich einen neuen ausstellen lassen.

Der Ausweis ist wasserdicht, Melanies Versicherung. Doch bis er überprüft ist, will sie lieber nichts sagen. Nicht sprechen, nur ein bisschen »Oui, Oui« – und kichern. Alles andere scheint ihr wegen ihres Akzents zu riskant. Sie muss durchhalten und die Idiotin spielen. Zu ihrem Glück haben die französischen Polizisten irgendwann andere Sachen zu tun und lassen sie am nächsten Morgen laufen.

Auf die Straße geht sie fortan kaum noch. Georg hingegen treibt sich bei den Renault-Werken herum. Ab Mitte August legt ein Generalstreik Paris lahm, nun schwenkt auch der Autobauer um, der den Deutschen lange zu Diensten war und ihnen Lastwagen lieferte. Noch sind 16 000 deutsche Soldaten in der Stadt mit 80 Panzern – Kampffahrzeuge, die auch bei Renault für die Besatzer repariert wurden. Aber es stehen um diese Zeit auch schon 600 Barrikaden in Paris. Bald hört Melanie erste Gefechte und Explosionen, aber so entspannt war sie dabei noch nie. Sie sitzt in ihrem kleinen Zimmer, und die Feuersalven klingen wie Musik für sie. Es ist die Melodie, mit der Résistance-Einheiten und alliierte Truppen die Besatzer aus der Stadt schießen.

Am 25. August geben die deutschen Truppen auf. Über Hitlers Befehl, Straße um Straße zu verteidigen und Paris nur als »Trümmerfeld in die Hand des Feindes« fallen zu lassen, haben sich die deutschen Generäle ausnahmsweise hinweggesetzt.

Schon am Morgen ist es über 20 Grad warm. Melanie sieht, wie sich ihre Straße füllt. Die Menschen singen die Marseillaise. Gut sechs Jahre lang, ihre Jugend, hat sie in kleinen Zimmern, Löchern und Zellen auf diesen Tag gewartet. Jetzt merkt sie, wie ihr Tränen über die Wangen laufen.

Es ist ungefähr so wie nach ihrer Befreiung aus Marseille: Sie fühlt sich unglaublich leicht und schwer gestresst zugleich. Am liebsten möchte sie jubelnd durch die Stadt laufen, aber sie geht vorerst nur auf den Bürgersteig in der Nähe ihrer Wohnung. Weiter traut sie sich nicht mit ihrem reichsdeutschen Akzent – viel zu gefährlich. Sie ist wieder gefangen, in Freiheit.

Der Krieg ist aus, doch friedlich wird es mitnichten. Jetzt bekämpfen sich die Franzosen im eigenen Land. Wer hat kollaboriert und profitiert, wer sein Leben riskiert? Wieder füllen sich Dachkammern und Keller – diesmal mit Mitläufern und Verrätern. Résistance-Gruppen sind in diesen Wochen nicht zimperlich: Kollaborateure werden liquidiert, Juweliere, die mit den Besatzern gute Geschäfte gemacht haben, kurzerhand über Nacht gewaltsam enteignet. Georg wird später Freunden von derartigen »Expropriationen« erzählen. Wie nah er dabei war, lässt er offen.

Bald wird auch Louis Renault inhaftiert, Hitlers williger Lastwagen-Lieferant. Die Wohnung des nach Deutschland geflohenen Schriftstellers Louis-Ferdinand Céline, eines glühenden Antisemiten, wird die Résistance plündern. Und Philippe Pétain, eben noch der Retter Frankreichs, wird zum Tode verurteilt, darf seinen Lebensabend aber mit Meerblick auf der Zitadelle der Atlantikinsel Île d'Yeu verbringen.

Melanie bleibt erst einmal Melanie Bervac, ein U-Boot, wie gehabt. Und wartet ab.

Wer sie wirklich ist, kann sie nicht beweisen. Die Republik Österreich gibt es noch nicht wieder, sie ist noch eine Hoffnung. Auch nach dem Mai 1945 wird es dauern, bis die politischen Beziehungen zwischen Frankreich und Österreich wiederhergestellt sind.

Was ist mit den anderen? Gustav und Georg sind in Paris.

Edith war es gelungen, in Lyon der Gestapo zu entkommen. Im Gefängnis Montluc konnte sie eine Blinddarmentzündung simulieren und wurde in ein Krankenhaus verlegt. Dort operierte sie ein junger französischer Arzt, dem sie sich anvertraute und der ihre Rettung einfädelte. Er hielt ihre Wunde künstlich offen, bis ein verständigtes Résistance-Kommando der Gaullisten im Krankenhaus einen Polizisten entwaffnen und Edith am 22. Dezember 1943 befreien konnte. Anders als Melanie floh sie nicht per Taxi, sondern mit dem Rad, das für sie organisiert worden war. Sie versteckte sich zuerst im Viertel hinter der Basilika Notre-Dame de Fourvière und konnte dann zu ihrem Freund nach Paris zurückkehren.

Und Karl? Er ist deportiert worden, so viel ahnen sie. Dass er im Konzentrationslager Buchenwald bei Weimar den Schikanen der SS-Wachmannschaften ausgeliefert ist, werden sie erst später erfahren.

Ihre Eltern? Melanie hat nichts von ihnen gehört. Recherchieren kann sie kaum, wen soll sie auch fragen? Herrn von Schirach, den Reichsstatthalter in Wien? Sie muss jetzt noch stillhalten. Ein paar Monate wieder im Schatten leben, in Paris. Wie gehabt.

Natürlich schließt sie sich nicht zu Hause ein. Aber jeder Ausflug ist Anspannung. Wenn sie unterwegs ist, hört sie Schritte hinter sich. Permanent sucht sie die Straßen nach Polizisten ab. Es sei nicht leicht gewesen, wieder normal zu werden, wird sie später sagen.

Anfang Mai 1945 ist der Krieg wirklich aus. Selbst der Einsatz des Führers, der »bis zum letzten Atemzug gegen den Bolschewismus kämpfend« für Deutschland gestorben sei, wie das Führerhauptquartier meldet, hat nichts mehr daran ändern können. Roosevelt, Churchill und Stalin legen die Nachkriegsstrukturen in Europa fest und teilen Deutschland und Österreich in Besatzungszonen auf. Von Wien nach Kärnten – das geht von nun an bis 1955 nur mit einem viersprachigen Reisepass.

Im Juni 1945 kehrt Jeanne nach Paris zurück. Aus dem Konzentrationslager Ravensbrück. Sie hat dort neben sich Frauen röcheln und an Typhus zugrunde gehen sehen und in die Gesichter von Babys geschaut, die sie eben noch anblickten und dann die Augen nicht mehr öffneten. Sie hat für Siemens Messgeräte gefertigt und manchmal absichtlich zu viel Kleber genommen, um dem ganzen System, wenn sie schon zugrunde gehen musste, wenigstens noch eins auszuwischen. Und dann rutschte sie ganz plötzlich in ein von hoher Stelle hektisch aufgesetztes Gefangenenaustauschprogramm. Und fand sich so im April 1945 an einem reich gedeckten Tisch des Roten Kreuzes in Schweden wieder, statt auf dem Todesmarsch aus dem Lager.

Jetzt aber, an diesem 28. Juni, ihrem 22. Geburtstag, trinken sie zusammen Champagner. Jetzt wird endlich gefeiert. Melanie ist dabei, wie es Jeanne später in ihren Aufzeichnungen festhält, und auch Marguerite Usclat – die drei Scheintoten aus der Zelle in

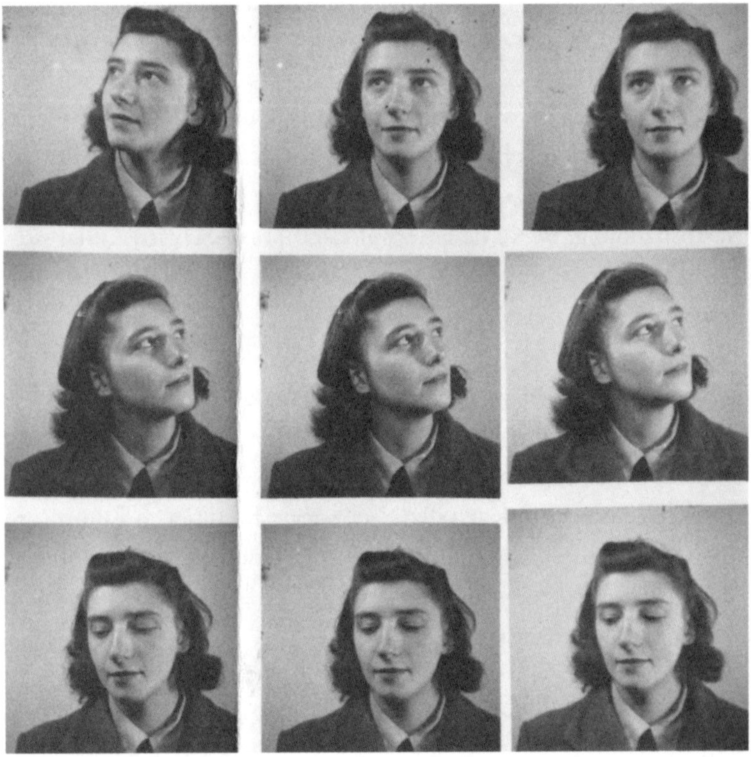

Abb. 12: Porträts aus einem Foto-Automaten (Paris 1945)

Marseille. Sie können es kaum fassen. Auch Marguerite hat die Hölle von Ravensbrück überlebt. Womöglich sind auch Georg und Gustav zu dem kleinen Umtrunk gekommen.

Sie sitzen draußen, im kleinen Hof vor Jeannes Wohnung in der Rue de Vaugirard in der Nähe des Bahnhofs Montparnasse. Der Wohnung, in die sie zurückkehren konnte. Die Katzensteins hatten sie 1939 verlassen müssen, als ihr Vater, ihre Stiefmutter und sie durch Hitlers Krieg in Frankreich zu Feinden wurden. Céleste, die Concierge, hat darüber gewacht, die ganze Zeit. Den Zwischenmietern hat sie erzählt, dass die Leute, die dort gewohnt haben, zurückkehren werden, und ihnen etwas mehr Miete abgenommen, als üblich. Die

Differenz hat sie Jeanne gegeben. Im Keller liegen noch das alte Silberbesteck und das Geschirr.

Jeanne ist in Partylaune, aber fast durchsichtig blass. Von der üppigen Verpflegung der Schweden hat sie kaum etwas essen können, ihr durchs Lager ausgezehrter, entwöhnter Körper hat gestreikt. Melanie zieht einige Wochen bei ihr ein und kümmert sich um sie. Sie fühlt sich schuldig, weil sie Jeanne damals in Marseille zurückgelassen haben. Die gemeinsame Rettung war ja an ihrer Gelbsucht gescheitert.

Sie treffen in dieser Zeit auch Georg und die anderen, aber es ist nicht mehr wie früher. Obwohl gerade Georg so tut, als ob: Er ist immer noch in geheimer Mission unterwegs, trifft sich am liebsten in Parks oder Wäldern, schickt verklausulierte Botschaften und spricht alle mit Decknamen an. Ihr sei es vorgekommen, als sei sie auf einem »Planeten der Affen« gelandet, schreibt Jeanne später.

In diese Parallelwelt abtauchen und die alten Polit-Neurosen pflegen, das will auch Melanie nicht mehr. Für Georgs neues illegales Bulletin schreibt sie zwar noch einen Artikel über ihre Haftzeit, aber damit soll es gut sein.

Jeanne zieht bald mit ihrem Freund zusammen, und Melanie kommt bei einem Paar unter, das ein kleines Ladenlokal betreibt, in dem er auf der einen Seite Patienten zur Krankengymnastik und sie auf der anderen Damen zur Pediküre empfängt. Melanie macht dort sauber und schläft auf einem Klappbett. Es dauert noch etwas, bis sie in eine eigene Wohnung ziehen kann.

Von ihrem gefälschten Pass abgesehen, ist sie noch immer staatenlos. Es gibt inzwischen zwar eine österreichische Vertretung in Paris, aber im Komitee, das sich um die Wiedereinbürgerungen kümmert, sitzt eine Frau, deren barscher Ton Melanie sofort bekannt vorkommt: Es ist Melanie Ernst, ihre Zellengenossin aus Toulouse, ebenfalls Wienerin. Die linientreue Kommunistin freut sich nicht besonders, Melanie wiederzusehen. Sie werde nichts von ihr bekommen, sagt sie ihr. Für Leute wie sie, Georg und die anderen Trotzkisten, gebe es nur eins: Wir nehmen euch mit ins Flugzeug nach Wien und schmeißen euch oben hinaus.

Als Melanie an einem Frühlingsmorgen des Jahres 1947 die Tür ihrer Wohnung in der kleinen Rue de l'Aude öffnet, erschrickt sie. Im Flur stehen zwei Polizisten mit einem Haftbefehl. Die Fünfundzwanzigjährige traut ihren Augen nicht: Jetzt, wo alles vorbei ist, sie vor den Nazis durch halb Europa geflüchtet, in Frankreich verhaftet worden und aus dem Gefängnis entkommen ist – jetzt soll sie noch einmal in Haft? Sie haben vergessen, dass der Krieg zu Ende ist, sagt sie den Gendarmen. Doch die verweisen auf ihr Dokument. Sie sei schließlich 1943 aus dem Gefängnis in Marseille geflohen, sechs Monate habe sie deswegen noch abzusitzen. Das zählt überhaupt nicht mehr, sagt Melanie mit wachsender Wut.

Und dann: Wenn Sie mich mitnehmen, mach ich so ein Geschrei, das können Sie sich gar nicht vorstellen.

Die Gendarmen ziehen schließlich mit der Drohung ab, am nächsten Tag wiederzukommen.

Und Melanie? Muss wieder mal untertauchen.

19

ZURÜCKKOMMEN

Ihr Freund Roger, ein junger Lehrer, mit dem sie inzwischen zusammenwohnt, wird bei den Behörden für sie intervenieren und die Sache regeln. Sie werden bald heiraten, einen Sohn bekommen und sich wieder trennen. Eine Episode, über die Melanie nicht gerne spricht, die aber noch kurz Thema sein wird.

Ein paar Monate vor dem Besuch der übereifrigen Gendarmen ist Peter Strasser in ihr Leben geplatzt, ihr Jugendschwarm aus Wien, der ihr trotz seiner KZ-Haft so hübsch vorkam wie eh und je. Sie war ihm nach irgendeinem Treffen der Jeunesse Socialiste in Paris in die Arme gelaufen. Zuletzt gesehen hatte sie ihn im Sommer 1940 auf dem kleinen Bahnhof bei Montpellier, als sie mit verkrampften Zeichen versuchten, sich durch die Zugfenster zu verständigen. Jetzt erfährt sie von ihm, dass ihre Eltern am Leben und wieder nach Wien gezogen sind. Dort hat sich auch Peter bereits alle nötigen Papiere besorgen können und organisiert jetzt Jugendlager und Austauschprogramme. Peter, der Versöhner, dem die Hahnenkämpfe innerhalb der linken Jugend in Wien schon damals albern vorkamen. Nun arbeitet er an der menschlichen Infrastruktur für ein neues Europa, während die Politik schon wieder in den alten Gräben festsitzt.

Melanie und Georg setzt er mit ihren französischen Decknamen auf eine Liste für ein Jugendlager in Tirol, und so sitzen beide Ende Januar 1947 in einem Zug nach Österreich. Das Jugendlager ist ihr Alibi, weiterzufahren nach Wien. Auf dem Weg dorthin wollen sie sich mit Karl in Innsbruck treffen. Aber vor dem verschneiten Innsbrucker Bahnhof warten sie vergeblich. Wenige Tage zuvor ist Karl, der das KZ Buchenwald überlebt und mit seiner Mutter in Linz gelebt hat, dort auf der Donaubrücke verhaftet worden. Sowjetische Posten, die an einem Brückenende postiert waren, haben ihn am 22. Januar angehalten, als er in den amerikanischen Sektor der Stadt wollte, wo er wohnte. Die Brücke hatte er nach dem Krieg unzählige Male überquert, doch diesmal haben ihn KPÖ-Leute verraten, wahrscheinlich die Familie seiner damaligen Freundin.

Das alles wissen Georg und Melanie natürlich noch nicht, als sie bei Karls besorgter Mutter in Linz ankommen. Vorsichtig forschen sie bei den Behörden nach, wo der spurlos Verschwundene sein kann, aber viel mehr als ein Achselzucken bekommen sie von den österreichischen Verantwortlichen nicht. Der Respekt vor den Besatzungsmächten sitzt tief. Einen Verdacht haben sie längst. Sicher bestätigen wird er sich erst Ende April 1955. Da erreicht Karls Mutter eine Karte aus Sibirien, wohin Karl von Stalins Geheimpolizei verschleppt worden ist. Einige Wochen darauf wird er nach über acht Jahren Haft wegen vermeintlicher Spionage und »konterrevolutionärer Tätigkeit im Interesse der Weltbourgeoisie« nach Österreich zurückkehren.

Melanie spürt in Linz, wie die alte Angst zurückkehrt. Um nach Wien zu kommen, müssen sie durch die sowjetische Zone reisen, was ihr noch gefährlicher scheint als ihre Kurierfahrten für die Résistance. An der Demarkationslinie zur sowjetischen Zone werden ihre französischen Ausweise kontrolliert, aber nur flüchtig, und schließlich sind sie nach neun Jahren zurück in Wien.

In der Servitengasse im schönen 9. Bezirk haben die Amerikaner ihren Eltern eine Wohnung zugewiesen. Um sie nicht zu sehr zu erschrecken, schickt Melanie Georg vor, der das breite Treppenhaus der Servitengasse 5 in den zweiten Stock hinaufsteigt und an der großen hölzernen Tür mit der Nummer 19 klingelt. Er stellt sich vor, holt Melanie, und dann schreit ihre Mutter ganz hell und weint und strahlt, und ihr Vater reibt sich die Augen und umarmt seine Tochter, und sie schauen Melanie an wie ein kleines Wunder, denn ihnen war berichtet worden, sie sei in einem Lager verschollen.

Wie sie selbst überlebt haben, erfährt Melanie erst viel später, und vieles davon auch nur in Nebensätzen. Die Eltern werden nicht viel darüber sprechen. Nicht darüber, wie sie in Budapest wie Nomaden von einem Unterschlupf in den nächsten zogen. Nicht darüber, wie ihr Vater im Herbst 1942 verhaftet wurde und in Lagern gerade irgendwie über die Runden kam, während es ihrer Mutter, so erinnert sich Melanie, gelungen sei unterzutauchen. Schreiben werden ihre Eltern dazu nur dem Magistrat der Stadt Wien, der über die Entschädigung von NS-Opfern zu befinden hat. Namen von Lagern in der Rumbach Utca oder der Szabolcs Utca tauchen in den Ersuchen auf und auch das Durchgangslager Garany in der heutigen Slowakei, von wo aus Transporte in die Vernichtungslager gingen. Sie benennen auch Zeugen für diese Zeit, doch den österreichischen Beamten reicht das nicht. Es wird Jahre dauern, bis ihren Anträgen stattgegeben wird.

Eine Begebenheit wird in keinem Antrag stehen. Melanies Mutter kam sie wohl selbst so unglaublich vor, dass sie sich nicht traute, damit österreichische Beamte zu behelligen. Aber ihrer Tochter erzählt sie davon. Im Sommer 1944 war ihr Mann zum Ausheben von Schützengräben in ein Arbeitslager nahe Budapest gebracht worden, wovon sie erfahren hatte. Nach ein paar Monaten relativer Ruhe waren im Herbst die Juden-Deportationen wieder forciert worden. Der dafür zuständige SS-Obersturmbannführer Adolf Eichmann, der Logistiker des Holocaust, war in die Stadt zurückgekehrt. Wegen der heranrückenden Roten Armee wurden jüdische Männer im November vermehrt nach Westen deportiert, wo sie Verteidigungswälle bauen sollten, wobei Tausende starben oder erschossen wurden.

Ihr selbst sei es in diesen Wochen gelungen, täglich zum Bahnhof in der Josefstadt zu gehen, jenes Vorstadtviertels, von wo Transporte der Arbeitslager-Häftlinge abgingen. An einem Morgen habe sie auf einmal ihren Mann gesehen. Er stand bereits in einem Viehwaggon. Am Gleis sei ein Wachmann auf sie zugekommen, habe sich dicht vor sie hingestellt und sie gefragt: »Jenny, erkennst du mich nicht?« Es war ein Schulkamerad. Er holte ihren Mann aus dem Zug und begleitete sie bis zum Bahnhofsplatz. Die Bergers verschwanden in den geschäftigen Gassen der Josefstadt – und überlebten.

Nach dem Besuch bei ihren Eltern stapft Melanie mit Georg durch die verschneiten Straßen Wiens. Er sucht nach seiner Vergangenheit. Seine Eltern sind umgebracht worden. Sein Vater, schreibt er später, habe sich lange nicht von Wien losreißen können, zu lange nicht. In der Burggasse, wo sie gewohnt hatten, umarmt ihn die kleine Frau Hanousek, eine Nachbarin, die ihm Vanillekipferln nach Paris geschickt hat. Bei anderen Freunden findet er Fotos, die seine Eltern dort hinterlegt hatten, und die alte Nähmaschine, an der seine Mutter immer nähte und spulte.

Sie gehen schweigend an Bombentrümmern und Hausruinen vorbei.

Und fahren zurück nach Paris.

20

WIEN UND WEG

An einem Nachmittag im Januar 2019 sitzt Melanie am Strand von la Pointe Rouge in Marseille. Hinter ihr liegt eine Diskussion mit Schülerinnen und Schülern eines Gymnasiums, vor ihr glitzert das Meer in der Sonne. Sie ist 97. »Eine Sache habe ich dir noch nicht erzählt«, sagt sie und wird ganz ernst, und bevor sie spricht, muss sie schlucken. »Vielleicht«, sagt sie, »könnten wir das etwas kürzer beschreiben.«

Im Sommer 1947 heiratet sie Roger. Sie wird Französin, und ein halbes Jahr später wird ihr Sohn Alain geboren. Sie küsst und liebkost ihn. Auf einem Foto vom Februar 1950 hält sie ihn im Arm, er trägt ein von ihr gestricktes Lätzchen mit einem kleinen Boot darauf. Und dann kann er sich plötzlich nicht mehr bewegen, ein Tumor. Eben war sie noch schwanger, nun ist da nichts mehr, nur »eine Wunde, die die Zeit nicht heilt«. Und das Bild von Alain mit dem Boot-Lätzchen in ihrem Kopf.

Sie macht sich Gedanken, fragt sich, ob sie besser hätte aufpassen sollen. Sie denkt an den verdammten Zug bei ihrer Rückreise von Wien. Sie war schon schwanger, und der Zug schwankte dermaßen, dass sie auf der Toilette fiel. Sie denkt im Kreis, es ist nicht gut.

Melanie macht weiter, folgt ihrem Mann nach Afrika, läuft durch ihr Leben wie die Hauptfigur in einem Comic, die in der Luft strampelt, während ihr bereits der Boden unter den Füßen weggezogen ist – und dann bricht sie ein und die Sache mit Roger ab und geht 1956 zurück nach Wien. Zu ihren Eltern.

Erst einmal eigentlich nur zu Besuch. Aber eines Tages steht der Journalist Lucien aus Frankreich vor der Tür, um das freie Zimmer

Abb. 13: Melanie mit ihrem Mann Lucien Volle (1961)

bei ihren Eltern zu mieten, in dem sie allerdings bald zusammen liegen, weil sie sich nicht nur getroffen haben, sondern auch beide vom besagten Blitz getroffen sind. Und das mehr oder weniger 56 Jahre lang bleiben werden.

Besonders herzlich werden die zurückgekehrten Emigranten im neuen Österreich nicht empfangen. Das Mitgefühl für deren Flucht, für den Spießrutenlauf durch ein enthemmtes Europa, hält sich in Grenzen. War Österreich nicht das erste Opfer Hitlers gewesen? Nein, Nazis waren sie wirklich nicht. Nur den Krieg hätten sie ganz gerne gewonnen.

Gleich nach ihrer Rückkehr muss sich Melanie mit einer Klage des Vormieters ihrer Wohnung auseinandersetzen, eines NS-Funktionärs, dessen Name hier getrost ignoriert werden kann. Mit Unterstützung des Gerichtswesens der neuen Republik hat er eine Art Räumungsbeschluss erwirkt, nicht für die Familie, aber für die meisten Möbel. An einem Morgen lässt er die halbe Wohnung entleeren. Wobei gar nicht klar ist, ob die Möbel ihm gehören oder nicht viel eher der Familie Robinson, die bis 1938 dort wohnte und dann Hals über Kopf flüchten musste. Ganz klar scheint die Sachlage auch den Behörden nicht zu sein, sie sprechen den Bergers ein wenig Geld als Entschädigung zu.

Melanie sitzt auch bei einem Arzt wegen des chronischen Schmerzes in ihrem Nacken, den sie seit Januar 1942 nicht mehr richtig durchstrecken kann – ein Souvenir des Verhörtrupps in Montauban. Der Doktor schickt sie mit einem Lächeln nach Hause: »Wenn alle Opfer so gut aussähen wie Sie, würden wir uns ja ruinieren, wenn wir die alle bezahlen. Ich werde Ihnen da nicht helfen.«

Heute bekommt sie 214 Euro Opferentschädigung im Monat. Das ist nicht das, was viele österreichische NS-Diener als Pension erhielten (die bei Verwundung noch aus Deutschland aufgestockt wurde), aber immerhin.

Es gibt einige Fotos aus dieser Wiener Zeit, aus diesen Jahren, die sie trotz allem gemocht hat. Eines zeigt sie mit ihren Eltern auf dem

Abb. 14: Melanie mit ihren Eltern auf dem Balkon der Wiener Wohnung in der Servitengasse (1957)

Balkon in der Servitengasse. Ihre Mutter mit ihren perfekt drapierten silbernen Locken sieht aus wie Bianca Castafiore, die Operndiva aus *Tim und Struppi*. Und ihr Vater steht mit ordentlich gestutztem Schnauzbart stolz neben ihr.

Auch Bilder der Gruppe gibt es, der Revolutionären Kommunisten im Ruhestand: Edith und Gustav sind abgebildet und Georg mit dem aus der sibirischen Gulag-Haft zurückgekehrten Karl. Acht Jahre Hölle hat er hinter sich, aber in der Familie seiner Frau wird er wie ein Aussätziger behandelt. Er gilt als »KZler«, in konservativen Kreisen ein Synonym für Verräter.

Alte Kameraden fordern bald mitten in Wien die Freilassung von Hitlers inhaftiertem Stellvertreter Rudolf Hess. Natürlich, Einzelfälle. Aber es gibt recht viele Einzelfälle. Anton Reinthaller, einstiger SS-Brigadeführer, wird 1956 zum ersten Parteiobmann der neu gegründeten FPÖ, die ihren »Ehemaligen« stets verbunden bleiben wird.

Melanie und Lucien beschließen, zu gehen. Nicht nur wegen der braunen Sauce, Lucien hat seine Familie ja in Frankreich. Aber an der Amnesie, von der Österreich befallen zu sein scheint, liegt es auch. Zum zweiten Mal nimmt Melanie Abschied von ihrem Land. Es dauert recht lange, bis Österreich merkt, wen man da hat ziehen lassen. Im Juni 2015 verleiht Bundespräsident Heinz Fischer ihr in Paris das Goldene Verdienstzeichen ihres Heimatlandes.

21

ZU TUN

Kann sie so abtreten? Aus ihrem Leben? Durchaus. Manchmal wünscht sie sich, dass es nachts einfach ausgeknipst wird. Bis sie sich morgens zurechtgemacht hat, es dauert ewig. Die Kopf- und Nackenschmerzen, die lästige Verdauung – aber nicht so wichtig.

Schlimmer sind diese Fragen: Was bringt das alles, die Veranstaltungen, ihre Auftritte? Was kann sie noch ausrichten in einer Welt, in der die Demokratien langsam verschwinden und zunehmend Despoten regieren? Was soll sie noch tun, wenn Menschen Populisten nachrennen, die ihnen als Sündenböcke ihrer Weltenangst einmal mehr die Emigranten präsentieren? Wenn Parteien wie die FPÖ mit »Fahndungslisten« drohen, um Politiker zur Verantwortung zu ziehen? Wobei die Feindbilder ja austauschbar sind: Mal sind es Juden oder Muslime, mal Sozialisten, Journalisten oder Kapitalisten – je nachdem, womit die Wut der Straße am besten bedient werden kann.

Und sie? Kann sie wirklich der »Impfstoff gegen Totalitarismus« sein, wie der Leiter des Mémorial findet, wenn islamistisch verblendete Schüler in Frankreich Lehrer angreifen, töten?

Manchmal will sie aufgeben. Ihre Geschichte kommt ihr dann so wirkungslos vor, so, als sei sie nicht verstanden worden.

Neulich hat sie nach längerer Zeit wieder lebhaft geträumt. Die Erinnerung an den Traum ist verschwommen, aber sie weiß noch, dass sie geschrien hat und in einer sterilen, fensterlosen Zelle von heute gefangen war. Noch im Halbschlaf hatte sie das Gefühl, die Geschichte würde sie zum zweiten Mal überrollen, nur dieses Mal schaffte sie es nicht mehr heraus.

Sie habe sich später wieder beruhigt, sagt sie. Angst um sich habe sie nicht mehr. Sie ängstige sich um die Jungen. Um deren Standhaftigkeit.

Wenige Tage später sieht sie im Fernsehen die Bilder der großen Demonstrationen gegen Rechts in Hamburg und München. Sie sieht Massen junger Menschen, die standhaft waren und deren moralische Reflexe funktionierten. Und plötzlich spürt sie, wie ihre Müdigkeit verfliegt. Wie sich die Schmerzen im Nacken lösen und sich Zuversicht in ihr breitmacht. Wie ihr Glaube daran zurückkehrt, dass man der Geschichte einen Schubs geben kann, auch als ganz kleines Licht.

Sie ist jetzt 102.

Für das Frühjahr hat sie neue Termine im Mémorial vereinbart.

Im Juni soll sie die Olympische Flagge durch ihre Stadt tragen.

Sie hat noch zu tun.

DIE FREUNDE UND WAS AUS IHNEN WURDE

Abosch, Heinz (1918–1997): Der Passfälscher Heinz Abosch wurde am 5. Mai 1944 in einem Mansardenzimmer in Lyon verhaftet, nachdem er für einen vermeintlichen deutschen Deserteur einen Ausweis gefälscht hatte. Deutsche Polizisten brachten ihn in das Gestapo-Hauptquartier, wo ihn die Schläger des Gestapo-Chefs Klaus Barbie wochenlang folterten. Mehrfach verlor er das Bewusstsein, als sie ihn, an Händen und Füßen gefesselt, in das kalte Wasser einer Badewanne tauchten – eine bei Barbie beliebte Methode. Im Juli 1944 gelang Abosch die Flucht aus einem Deportationszug. Nach dem Krieg lebte er in Paris und arbeitete als Korrespondent für deutschsprachige Zeitungen, in den Sechzigerjahren zog er nach Düsseldorf. Heinz Abosch schrieb mehrere Bücher, darunter das autobiografische Werk »Flucht ohne Heimkehr«.

Bortfeldt, Hermann (1911–1985): Bei Melanies Festnahme im Januar 1942 entging Hermann Bortfeldt seiner Verhaftung nur knapp. Er tauchte unter und schloss sich einer französischen Widerstandsgruppe in Lyon an. Nach dem Krieg arbeitete er als Journalist in Frankreich und kehrte 1952 nach Deutschland zurück. Bortfeldt trat in die SPD ein, arbeitete für den Parteivorstand und wurde später Abteilungsleiter der Deutschen Welle. Er war 1961 Mitbegründer von »Amnesty International« in Deutschland und erhielt 1977 das Bundesverdienstkreuz.

Fischer, Karl (1918–1963): Als sowjetische Wachposten Karl Fischer am 22. Januar 1947 auf der Donaubrücke in Linz anhielten, ahnte er nicht, dass ihm ein achtjähriges Martyrium in Stalins Gulagsystem bevorstehen sollte. Fischer wurde verhaftet, verhört und als vermeintlicher »Konterrevolutionär« verurteilt. Nach wochenlanger Fahrt in Viehwaggons landete er rund 10 000 Kilometer weiter östlich, in Straflagern in der Nähe des Pazifik. Durch Zufälle, Glück und sein sprachliches Geschick überstand Fischer diese sibirische Hölle und kehrte im Frühjahr 1955 nach Österreich zurück. Er arbeitete fortan bei der Wiener Arbeiterkammer und starb 1963 mit 44 Jahren an den Spätfolgen der Lagerhaft. 1997 schrieb der Generalstaatsanwalt der Russischen Föderation Fischers Sohn in trockenen drei Zeilen, sein Vater sei aufgrund des Gesetzes zugunsten der Opfer politischer Repression »rehabilitiert«.

Gronich, Gustav (1916–2003): Nach dem Krieg arbeitete Gustav Gronich zunächst als Buchhändler in Paris, ehe er nach Wien zurückkehrte. Er wurde Sozialdemokrat, zeigte sich jedoch später enttäuscht über die Reserviertheit gegenüber Emigranten, die er bei vielen Sozialdemokraten spürte. Bereits als Siebzehnjähriger hatte er während der Februarkämpfe 1934 beim Straßenbahndepot Kagran die Stellung gehalten, um anderen Schutzbündlern die Flucht zu ermöglichen – im politischen Beziehungsgeflecht des Nachkriegs-Wiens schien es keine Rolle mehr zu spielen, wie oft er sein Leben im Widerstand riskiert hatte: Gronich musste sich lange Zeit als Hotelportier durchschlagen. Ganz vergessen war er nicht: Die Zeitschrift *Der Sozialdemokratische Kämpfer* gratulierte ihm regelmäßig zum Geburtstag.

Israel, Charlotte (1919–1981): Der durch Lagerhaft, Flucht und Mangelernährung gesundheitlich angeschlagenen Charlotte Israel wurde 1946 vom International Rescue Committee in Paris ein Sanatoriumsaufenthalt bezahlt. Im Mai 1948 heiratete sie den Schweizer Gaston Gremaud. Beide lebten seitdem in Genf, wo Charlotte als Aufsichtslehrerin arbeitete. Ende der Fünfzigerjahre begann Charlotte Israel, Entschädigungsverfahren gegen die Bundesrepublik anzustrengen. Akten dazu lagern im Niedersächsischen Landesarchiv.

Das bürokratische Hin und Her in der Entschädigungssache ihrer aus Magdeburg vertriebenen und in Auschwitz ermordeten Eltern dauerte Jahre. Noch länger, nämlich bis kurz vor ihrem Tod, rang Charlotte Israel um eine adäquate »Körperschadensrente«. 100 Mark hatte man ihr anfangs zugebilligt, ein Betrag, der später immerhin etwas aufgestockt wurde.

Katzenstein, Jeanne (1923–1984): Trotz der Torturen in französischen Lagern und im KZ Ravensbrück sei ihre Mutter nicht verbittert gewesen, erzählt ihre Tochter Helene Le Vern. Dank ihrer Mehrsprachigkeit fand Jeanne Katzenstein nach ihrer Rückkehr in Paris eine Stelle bei der UNESCO. Dem linken Milieu blieb sie schon durch ihren Mann verbunden, einen Spanier, der aufseiten der Republik gekämpft hatte. Anfang der Sechzigerjahre, auf dem Höhepunkt des bewaffneten Konflikts um Algeriens Unabhängigkeit, war ihre Pariser Wohnung Treffpunkt von Sympathisanten und blieb es bis zu den Studentenunruhen: Auch Daniel Cohn-Bendit war dort zu Gast.

Kramer, Edith (1921–2017): Bei der Befreiung von Paris war Edith Kramer Sekretärin der F.F.I. (Forces françaises de l'intérieur, Dachverband der bewaffneten Gruppen der Résistance) im Kriegsministerium. Sie war die Verbindungsfrau zu den Einheiten des Maquis, im Herbst 1944 wechselte sie als Sekretärin zur Wochenzeitschrift *Action*. Bis 1946 lebte Edith Kramer mit falschen Papieren unter ihrem Decknamen Renée Hubert – wer sie wirklich war, konnte sie nicht beweisen. Ihren Freund Roger Lunet heiratete sie 1946 mit einem »Offenkundigkeitszeugnis«: Auf der Straße baten sie zwei fremde Personen, zu bezeugen, dass sie Edith Kramer aus Wien sei. 1948/49 absolvierte sie eine Ausbildung zur Buchhalterin und arbeitete fortan in diesem Beruf.

Niescher, Friedrich (1913–1984) und Niescher, Rosa (1915–1993): Nach Kriegsende zogen es die Nieschers vor, in Paris zu bleiben, statt nach Österreich zurückzukehren. Friedrich Niescher, der als Radiotechniker arbeitete, ließ sich bereits 1947 einbürgern. 1953 wendete er sich an die Abteilung Opferfürsorge der Wiener Landesregierung. Eine Entschädigung für seine Haftzeit in Österreich – Friedrich Niescher gehörte zu den 1936 verhafteten Trotzkisten – wurde nach eineinhalb Jahren bewilligt. Sie betrug 6899 Schilling. Seiner jüdischen Frau Rosa Niescher und ihm wurde auch eine kleine Wiedergutmachung für das Leben im Verborgenen unter menschenunwürdigen Bedingungen zuerkannt. Er bekam 1969 knapp 8000 Schilling, sie 8750 Schilling. Ein Erwerbstätiger verdiente damals durchschnittlich 78 024 Schilling pro Jahr. Friedrich Niescher wagte es auch, nach entgangenem Verdienst zu fragen, weil sein Leben seit 1936 nur aus »Gefängnis, Flucht, Emigrantenelend ohne Arbeitserlaubnis« bestanden habe, wie er schrieb. Für diese Prüfung ließen sich die Wiener Beamten lange Zeit. Mal zweifelten sie die Verbindung zu Rosa an, die vorher bereits einmal verheiratet war. (Niescher schrieb der Wiener Landesregierung, dass ihre Gemeinschaft im Zuge des Krieges verspätet legalisiert worden sei, was ihre Tochter aber nicht daran gehindert habe, im Januar 1944 zur Welt zu kommen.) Ein andermal musste Friedrich Niescher um Verständnis bitten, nicht jeden Unterschlupf benennen zu können: »Wie soll ich Ihnen die Adresse von irgendeinem Schuppen geben oder einer Gerätehütte in einem Weinfeld?« Ihm gelang es dennoch, Zeugen für sein Leben auf der Flucht beizubringen. Genutzt hat es nichts, sein Antrag wurde abgelehnt: Er sei zum »Zeitpunkt der Anspruchsanmeldung« nicht mehr österreichischer Staatsbürger gewesen, hieß es nach fast siebenjähriger Prüfung.

Scheuer, Georg (1915–1996): Nach der Befreiung Frankreichs blieb Georg Scheuer in Paris und arbeitete als Journalist für verschiedene

Zeitungen. In den Sechzigerjahren wurde er Korrespondent der Wiener *Arbeiter-Zeitung*, des Blatts, mit dem er »quasi das Lesen gelernt hat«, wie seine Frau Christa Scheuer in einem ORF-Interview erzählte. Von seinem tiefen Glauben an soziale Umstürze verabschiedete sich Scheuer erst allmählich, dann aber recht entschieden: Die Hoffnung auf Revolutionen bezeichnete er als »unsere große Illusion«. Noch schärfer ging er mit den kommunistischen Parteien nach russischem Muster ins Gericht. Das seien Regime, die sich als menschheitsbefreiend präsentiert hätten, aber die Menschheit über Jahrzehnte hindurch belogen hätten. Scheuer kehrte später mit seiner Frau von Frankreich nach Wien zurück. Er konnte gut zuhören, sagt der Buchhändler Kurt Lhotzky, der ihn noch persönlich kannte, und er habe noch im Alter den Charme der bolschewistischen Konspiration versprüht. Mitunter habe Scheuer nach Treffen mehrfach die Verkehrsmittel gewechselt, bevor er nach Hause zurückkehrte, so als ob er Verfolger hätte abschütteln müssen. Georg Scheuer schrieb Bücher über Mussolini und die Russische Revolution, 1991 erschien das autobiografische Werk »Nur Narren fürchten nichts«.

Strasser, Peter (1917–1962): Dem Lager Les Milles bei Aix-en-Provence konnte er entkommen, doch später wurde Peter Strasser von der französischen Polizei festgenommen und an die Gestapo ausgeliefert. Nach einem kurzen KZ-Aufenthalt verpflichtete das NS-Regime Strasser zur Schweißer-Arbeit in einem deutschen Rüstungsbetrieb. Anteil an dieser Verlegung hatte wohl auch Strassers Frau Jenny, die mit der gemeinsamen Tochter in Wien lebte und für ihren Mann intervenierte. Nach dem Krieg pendelte Peter Strasser zunächst zwischen Wien und Paris, entschied sich dann aber für Wien. Bereits 1945 wurde er Mitglied des Parteivorstandes der SPÖ. Er war Mitbegründer der Sozialistischen Jugend Österreichs, als deren Vorsitzender er bis 1954 agierte. Öfter geriet er in Konflikt mit der Parteiführung, der die Jugendfunktionäre die Preisgabe eigener

Grundsätze in der Koalition mit der ÖVP vorhielten. 1949 wurde Strasser als jüngster Abgeordneter in den Nationalrat gewählt. Nach seinem frühen Tod 1962 benannte die Stadt eine Wohnhausanlage im 3. Wiener Gemeindebezirk nach ihm.

Usclat, Marguerite (1911–1954) und Reboul, Jean (1919–1943): Nachdem Marguerite Usclat das KZ Ravensbrück überlebt hatte und nach Frankreich zurückgekehrt war, begann sie Nachforschungen zum mysteriösen Tod ihres Freundes Jean Reboul anzustellen. Jean war im Juni 1942 mit ihr zusammen in Marseille festgenommen worden. Vom Fort Saint-Nicolas am Hafenausgang der Stadt wurde er über zwei andere Stationen in das Gefängnis von Le Puy-en-Velay (Haute-Loire) verlegt, wo die Beziehungen zwischen trotzkistischen und kommunistischen Häftlingen besonders angespannt waren. In der Nacht vom 1. auf den 2. Oktober 1943 gelang 79 politischen Gefangenen die Flucht, darunter Jean Reboul und drei seiner trotzkistischen Kameraden, die jedoch danach von der Mehrheit der Geflohenen in das Lager des kommunistischen Maquis »Wodli« in Queyrières gebracht wurden. Reboul schrieb noch einen Brief an seine Familie, es war sein letztes Lebenszeichen. Wenige Tage nach der Flucht wurden die vier Trotzkisten durch die Kommunisten umgebracht. Oberhalb von Queyrières steht im Wald noch die überwachsene Ruine des Steinhauses, in dem die Trotzkisten eingesperrt waren. Nichts erinnert dort an ihre Hinrichtung. Der Historiker Raymond Vacheron hat den Fall akribisch recherchiert, mit etlichen Zeitzeugen sprechen können und darüber das Buch *Meurtres au Maquis* veröffentlicht. Marguerite Usclat hingegen stieß nach dem Krieg auf eine Mauer des Schweigens. Die Recherchen zum Tod ihres Lebensgefährten setzten ihr gesundheitlich zu. Sie starb mit 42 Jahren in La Ciotat östlich von Marseille. Ein Kindergarten in der Stadt trägt seit 1978 ihren Geburtsnamen Marguerite Varesio.

QUELLEN

Archives Départementales de Tarn-et-Garonne, Montauban
Dokumentationsarchiv des österreichischen Widerstands, Wien
Internationales Institut für Sozialgeschichte, Amsterdam (Kollektion Georg Scheuer)
Landesarchiv Hannover (Entschädigungsverfahren, u.a. zu Charlotte Israel)
Le Maitron, Dictionnaire biographique du mouvement ouvrier français
Musée de la Résistance et du Combattant, Montauban
Wiener Stadt- und Landesarchiv (Opferfürsorgeakten und Entschädigungen)

Literatur (Auswahl)

Abosch, Heinz: Flucht ohne Heimkehr, Stuttgart 1997
Arbeitsgruppe Marxismus: Trotzkistische Opfer des NS-Terrors in Österreich, Wien 2001
Botz, Gerhard: Nationalsozialismus in Wien, Wien 2018
Comité de quartier Saint-Michel (Toulouse): La prison Saint-Michel à Toulouse, Toulouse 2021
Denis, Cécile: La résistance allemande et autrichienne en France d'après sa presse clandestine, Paris 2021
Dokumentationsarchiv des österreichischen Widerstands (Hg.): Österreicher im Exil in Frankreich 1938–1945, Wien 1984
Keller, Fritz: In den Gulag von Ost und West. Karl Fischer, Arbeiter und Revolutionär, Frankfurt/Main 1980
Mencherini, Robert: Résistance et Occupation (1940–1944), Paris 2011
Ders.: Ici-Même, Marseille 1940–1944, Marseille 2013
Ders.: Étrangers antifascistes à Marseille/1940–1944, Marseille 2014
Scheuer, Georg: Nur Narren fürchten nichts, Wien 1991 (Titel der frz. Übersetzung: Seuls les fous n'ont pas peur, Paris 2002)

Abbildungen

Abb. 5 & Abb. 6: Henri Manuel; Collection ENAP-Centre de ressources sur l'histoire des crimes et des peines
Abb. 9: Ville de Marseille, Dist. GrandPalaisRmn; image des musées de la ville de Marseille
Alle anderen Abbildungen: Privatarchiv Melanie Berger

DANK

Als du, Melanie, mir am Strand von Pointe Rouge in Marseille erzähltest, wie ausgemergelte Freundinnen 1945 aus den Konzentrationslagern zurückkehrten und wie dein Sohn erkrankte, wusste ich, dass ein Artikel nicht reichen würde, das zu beschreiben. Als wir in Wien auf einer Bank unter dem einstigen Küchenfenster eurer Wohnung saßen und du dich erinnertest, was ihr im Hof gespielt habt und wie du von dort im Februar 1934 zu den Barrikadenkämpfern gelaufen bist, entstand das Buch. Du hast mich ein Stück in dein Leben gelassen. Ich durfte dich auspressen, was oft anstrengend war und manchmal vielleicht auch entlastend. Hoffe ich. Ohne deine Unterstützung wäre ich aufgeschmissen gewesen.

Hélène Le Vern hat mir die privaten Aufzeichnungen ihrer Mutter Jeanne Katzenstein anvertraut, ohne dass wir uns kannten. Das hat mich beeindruckt und mir sehr geholfen. Mit Roland Fischer bin ich in die Biografie seines Vaters abgetaucht, Melanies Genossen Karl Fischer. Fehlte mir ein Datum oder hatte ich irgendeine Frage zu einem Bulletin der Revolutionären Kommunisten, wusste Cécile Denis in Marseille fast immer eine Antwort.

Ohne Kurt Lhotzkys Einführung in den Trotzkismus und die konspirativen Marotten der österreichischen Genossen hätte ich kaum verstanden, warum Revolutionäre wie Georg Scheuer nie in den Ruhestand gingen.

Tanja Busses Auge bewahrte mich vor einigen Fehlern, und Dietmar Pieper erinnerte mich an die nötige Fallhöhe und warf mein anfängliches Gerüst einfach noch mal um.

Hätte ich Karin Raschhofer und Janina Reichmann nicht als Lektorinnen gehabt, wären manche Zeitensprünge und Formulierungen nur schwer zumutbar gewesen.

Die Mitarbeiterinnen und Mitarbeiter der Archive in Amsterdam, Montauban und Wien haben mir ihre Zeit zur Verfügung gestellt und wertvolle Tipps im Umgang mit den Dokumenten gegeben.

Ihnen allen danke ich – und meinen Eltern, die nicht sauer waren, wenn ich wieder mal nach Frankreich aufbrach.

Nils Klawitter

Geboren 1966 in Hamburg. Studierte Geschichte, Politik und Rechtswissenschaften in Göttingen, Besançon und Berlin. Er absolvierte die Deutsche Journalistenschule in München und arbeitete 21 Jahre als Redakteur beim SPIEGEL. Zusammen mit Dietmar Pieper Herausgeber des SPIEGEL-Bestsellers »Das Reich der Deutschen« (2016). Jetzt lebt er als freier Autor in Hamburg.